Pythonで学ぶ
ファイナンス論
×
データサイエンス

永野　護〔著〕

朝倉書店

はじめに

　本書は，ファイナンス理論をプログラミングにより実装する手順を紹介することで，ファイナンス理論の理解とプログラミング能力取得の双方を，目指しています．昭和・平成時代の大学・大学院教育では，私たちはファイナンス理論を，座学により学んできました．このファイナンス理論を，プログラミングにより「まずは実践」することで理解し，併せて実用可能なデータサイエンス力を養うことが，本書の目的です．ファイナンス理論を学ぶ人々は，多様な目的を持っているはずです．本書は，プログラミング的思考・基礎・実践的知識を，ファイナンス分野で実装する意欲を持つ，大学・大学院，ビジネススクールでの履修者を読者として想定しています．

　学習指導要領の改訂にともない，2020年春以降，小学校から高等学校にかけ，プログラミング教育の必修化が順次，進行中です．文部科学省の新学習指導要領は，プログラミング教育の目的として，「プログラミング的思考」「プログラミングの基礎」「プログラミングの実践的知識」の小学生，中学生，高校生への指導を求めています．これらのプログラミング的思考・基礎・実践的知識を携えた，将来の大学生・大学院生，若手ビジネスマンは，専門教育をどのように学修すべきなのでしょうか．プログラミング教育が必修化された時代の専門教育における答えのひとつが，本書の「Pythonで学ぶファイナンス論×データサイエンス」です*．

　2018年春から2019年秋にかけ，筆者は，ドイツのライプニッツSAFE研究所（ヘッセン州フランクフルト）において，在外研究の機会を得ました．ここでは，ファイナンス理論とコンピュータ・サイエンスとの融合が，先端的に進んだ教育研究の現場を目の当たりにしました．ファイナンス理論とコンピュータ・サイエンスとの邂逅が，ファイナンス理論のビジネス現場での実用化へつ

＊：本書が紹介するライブラリ，パッケージは，執筆時点（2023年4月）でのバージョンに基づいて説明しています．刊行以降に仕様が変更される場合はGitHubのリポジトリに修正版を記載します．ご了承ください．

ながり，さらにそれが，将来のファイナンス理論の発展へつながる道筋は，すでにフランクフルトなど欧州の主要金融都市では確立されています．国際金融都市・東京においても，義務教育・高等学校で身に着けたプログラミング知識を礎に，ファイナンス論のみならず，経済学・経営学の中の多数の専門分野で理論実装教育を行う時代が訪れつつあります．

　本書で紹介するソースコードは，動作確認を行った上で掲載しています**．これらは，GitHub のリポジトリ https://github.com/nagamamo/financial_data_science からダウンロード可能です．下の QR コードからアクセスしてください．今後，コードに修正の必要が生じた場合は，このリポジトリで修正しますので，こちらを参照してください．またご意見等についても，このリポジトリの GitHub Discussions に寄せていただければ幸甚です．

2023 年 9 月

永 野 　 護

本 書 の 構 成

　本書は11章から構成されます．第1章は，Pythonを用いてデータサイエンスを行うための使用環境と，最も重要な2つのライブラリ，pandasとNumPyについて説明します．特にpandasは，Pythonでファイナンス分析を行う場合，「pandasに始まり，pandasに終わる」，と言っても過言ではないほど重要なライブラリです．第1章が身につけば，ファイナンス論のみならず，どのような分野でも基礎的なデータサイエンス分析が可能になります．

　ファイナンス論は第2章から始まります．第2章から第5章が株式市場に関わるファイナンス理論，第6章がデリバティブ取引，第7章から第8章が債券市場のファイナンス理論実装例です．さらに具体的に述べると，株式市場にかかるファイナンス理論のプログラミング実装は，第2章が現代ポートフォリオ理論，第3章と第4章が資本資産価格モデル（CAPM理論），第5章がモンテカルロシミュレーションと時系列モデルによる株価予測の理論と実装例を説明します．どのように複数の株式を組み合わせれば，最も高いリターンでリスクの小さいポートフォリオを構成できるのか．そもそもβ値とは何を意味するのか．来年の日経平均株価（市場インデックス株価）予測はどのようにプログラムすればよいのかが，この第2章から第5章で学習することができます．

　第7章から第8章は，債券投資理論を実装します．筆者は，株式投資に比べ，債券投資は，そのリターンとリスクが，世間一般に広く理解されていないように考えています．なぜ，償還期間が長い債券は，価格変動リスクが大きくなるのか，そして，クォンツや証券アナリストがなぜ金利の期間構造の理論曲線を精緻に算出しようとするのかが，この2つの章を学ぶことで理解することができます．第9章は，外国為替レート決定理論の実装手順を説明しています．債券投資理論と外国為替レート決定理論は深く関係しています．なぜなら，国境を越えて投資家が行う債券投資の規模は，株式投資や貿易取引よりも遥かに大きいため，これが外国為替レートの主たる変動要因となるためです．第9章では，2つの国の金利水準の変動がどのように2つの国の為替レートに影響する

のかを，機械学習を用いて説明します．

　本書は，コーポレートファイナンス理論の実装についても説明しています．これが第10章と第11章の内容です．ある企業のイベント，例えばM&A（企業買収・合併）後の株価は，これを実施しなかった場合に比べて，どの程度高いのか，あるいは低いのかを評価することで，証券アナリストやエコノミストなどの分析者は，そのM&A（イベント）を評価します．そしてこの企業買収は，同じビジネスを持つ外国企業を買収した場合に比べ，より株価を高めたのか否か．10章を理解することで，イベント・スタディの理論実装が可能となります．また，11章は，企業財務分析に関するファイナンス理論の実装です．ここでは，この分野で長年，最も論争を呼び続けてきた定理である，企業の資本構成の決定要因について，各理論と実証分析のためのソースコードを示しています．

　まとめますと「Pythonで学ぶファイナンス論×データサイエンス」は，

　　① Pythonによるデータサイエンス分析（1章）

　　② Pythonによる株式投資理論の実装（2-6章）

　　③ Pythonによる債券投資理論の実装（7-9章）

　　④ Pythonによるコーポレートファイナンス分析（10-11章）

を実際に行うことができるよう，設計されたテキストです．なお，章の最後に設けられている「コラム」は上級者向けです．各章の内容を理解し，さらに高度で実務への応用が直接可能な理論実装を目指す読者向けに用意しました．各章の内容を理解した上で，余力がある際に，目を通してください．

目　　次

第1章
ファイナンス分析データの取得と記述統計

1.1 Google Colaboratory の使い方

Python を使用する場合，複数の使用環境の選択が可能です．URL（https://www.python.org/）から Python をインストールする方法が定番ですが，Jupyter Notebook，もしくは Google Colaboratory を使用する方法などがあります．本書のファイナンス理論の実装は，金融資本市場データをリアルタイムで入出力するわけではありませんので，Google Colaboratory（以下 Google Colab）を使用します．Google Colab は，Jupyter Notebook をユーザーが利用しやすい環境として Google が開発，提供しているものですので，両者はほぼ同じと考えて差し障りありません．

Google Colab を使用するためには，Google Chrome で https://colab.research.google.com/ から「ノートブックを新規作成」を選択してください．この際，Google アカウントにログインする必要があります．アカウントを保有していない場合は，左図の画面の右上①の「ログイン」をクリックすることで，順次アカウント作成手順が説明されます．Google アカウントをすでに保有し，ログインしている場合は，「ノートブックを新規作成」を選択すれば，右側の画面がすぐに表示され，コードの入力が可能な状態になります．右側の画面のカーソルがある，コードを書き込む場所を「セル」と呼びます（②）．この②にコードを記述し，そのセル左端の ◉ をクリックすると，コードが実行されます．

「ノートブックを新規作成」「(既存の) ノートブックを開く」「ノートブックをアップロード」「保存」は，プルダウンメニューの「ファイル」から選択できます．プルダウンメニューの「ファイル」からはその他，ソースコードを.ipynbファイルもしくは.pyファイルでダウンロードしたり，ソースコードの変更履歴を確認することができます．またgithub.comに直接ファイルをアップロードすることも可能です．

1.2　ファイナンス・データの取得

1.2.1　CSVファイルからのデータ取得

　ファイナンス分析用データは，① CSVファイルからデータを取り込む，② pandas_datareaderを用いて取得する，③ URLから取得する，これら3つのケースがあります．以下ではまずCSVファイルからのデータ取得方法を説明します．CSVファイルからデータを取得する場合は，次のコードを入力すると，そのセルの下に「ファイル選択」のアイコンが画面上に出現します．これをクリックしてデータ保存先のフォルダからデータファイルを選択することで，データが取り込まれます．

```
import pandas as pd
from google.colab import files
uploaded = files.upload()
```

```
・・・　　ファイル選択　選択されていません　　　Cancel upload
```

続いて，次のセルに

```
データフレーム名 = pd.read_csv(('ファイル名.csv'),encoding=
"Shift-JIS",index_col=0)
```

と記述することで，取得したデータがpandasデータフレームに格納されます．encodingは，符号化形成された文字コードShift-JISもしくはUTF-8を選択します．index_col=0は最左列をインデックスにすることを指示しています．この指示により，例えば次図のように，CSVファイルの最左列の国名をイン

デックス化することができます．クラスター分析や主成分分析などの多変量解析では，企業 id や家計 id が無数に上ることがあります．このデータ id があらかじめデータフレームのインデックスであることを指示しておくことで，いちいちデータ id のリストを読み込んだり，記述したりする手間が省けます．なお，pandas データフレームは，正確にはインデックス以外のデータが 1 列のみ（ベクトル）の場合は series，下図のように 2 変数以上の列から構成されるデータ（行列）が「データフレーム」となります．要するに series が複数格納される場合が pandas データフレームと定義されます．以下では，混乱を避けるため，1 変数のみの series，2 変数以上のデータフレームの双方を，「pandas データフレーム」として説明を進めます．

id	CPI2020	LT2020	GD2020	FB2020
Austria	113.999737	0.376667	0.958595	0.022869
Australia	115.686785	2.333542	0.549674	0.014210
Belgium	113.128903	0.475833	1.213016	0.017459
Bulgaria	107.938957	2.270575	0.351447	0.034272

読み込んだデータを分析し，その結果をダウンロードする場合には，

```
(結果の) データフレーム名.to_csv('出力するファイル名.csv')
files.download('出力するファイル名.csv')
```

で画面上に表計算ソフト形式で出力ファイルが出現します．

1.2.2 pandas_datareader によるデータの取得

　金融情報通信社や国際機関のデータベースから，Web API を利用して株価日次データ，金利データ，マクロ経済データを取得する場合は，主として pandas_datareader を用います．Google Colab を用いて使用する場合は，インストール作業は不要です．pandas_datareader を使用する際の基本的な手順は，下記のライブラリをインポートし，続いてティッカー・コードと標本期間を指

定することでデータを取得することができます.

```
import pandas_datareader as data
import datetime as dt
```

このライブラリの略称は任意でよいですが,このケースでは pandas_datareader は data,datetime は dt を略称としています.取得したいデータと標本期間の指定は,基本的には

> **データフレーム名=略称.** DataReader('ティッカー・コード', 'データソース名', 標本期間開始日, 標本期間終了日)

と記述します.例えば日経平均株価の日次データを www.stooq.pl から取得する場合には,

```
start=dt.date(2010,1,1)
end=dt.date(2022,12,30)
df=data.DataReader('^NKX','stooq',start=start,end=end)
```

と記述します.ライブラリに datetime をインポートせずに,data.Datareader() の () 内に標本期間を記述しても構いません.ファイナンス分析において,一度,取得したデータを期間別に分割する作業が頻繁に行われる場合は,datetime を用いる習慣を身につけておくと便利です.
　上記の例では,株価データは df という名称のデータフレームに格納されています.df.head() と記述すれば,次の概要が表示されます.これを見ると,データが新しい順から並んでいるため,修正を要することがわかります.

	Open	High	Low	Close	Volume
Date					
2022-12-30	26288.00	26321.37	26067.92	26094.50	527361300.0
2022-12-29	26074.90	26126.70	25953.92	26093.67	631104500.0
2022-12-28	26309.34	26354.27	26199.67	26340.50	615226600.0
2022-12-27	26570.78	26620.49	26447.87	26447.87	501794900.0
2022-12-26	26299.54	26438.65	26294.85	26405.87	473132000.0

　筆者の場合は，世界の株価，金利データの日次データは，stooq もしくは yahoo から，外国為替レートは米セントルイス連銀の FRED，世界各国のマクロ経済データの月次データ，四半期データ，年次データは世界銀行のデータを wbgabi から取得しています[1].

1.2.3 URL からのデータ取得

　実証分析を行う際のデータは，これまでユーザーの PC 等のデバイスに，表計算ソフトで作成したファイルを保存するケースがほとんどでした．データサイエンスにおけるデータストレージは，今後は，自分の PC 等ではなく，Google ドライブや GitHub などのオンラインストレージにアップロードし，その URL からそのデータを取得したり，開発者同士で共有する時代へ変わりつつあります．本書においても，第 2 章以降の実装例の多くは，GitHub に保存したデータを取得して，pandas データフレームに格納しています．

　それぞれのオンラインストレージにより，データのアップロードの方法や Python による取得の方法が異なりますので，以下では，GitHub の場合のソースコードを説明します．第 3 章のシングルファクター・モデルの実装では，予め，日経平均株価（^NKX）とテスラ（TSLA. US），GM（GM. US）の株価を GitHub にアップロードしています．まずアップロードは，下記の場合は github. com/ 内に作成したリポジトリのひとつを選択します．この画面で，"Add file" のプルダウンメニューから，"Upload files" を選択して，CSV ファイルを読み

---

[1]：米国版 yahoo ファイナンスや invest.com のように，内部 API の仕様変更等により，データ取得が困難化することが度々発生することに注意する必要があります．

込めば，アップロードが完了します．

　このアップロードされたデータを Google Colab において取得する場合には，次のコードを記述し，実行します．ここでは，1 行目で読み込んだデータを 2 行目で，pandas データフレームの形式として保存しています．

```
データフレーム① = "https://github.com/ユーザー名/リポジトリ名/blob/
main/ファイル名?raw=true"
データファイル② = pd.read_csv(データフレーム①)
```

　ちなみに第 3 章シングルファクター・モデルの実装におけるソースコードは次の通りです．筆者のユーザー名（nagamamo）にリポジトリ名（data），ファイル名（3_single_factor_data.csv）を記述してデータを url というデータフレーム名で読み込み，次に pandas データフレームの形式で格納しています．

```
url = "https://github.com/nagamamo/data/blob/main/3_
single_factor_data.csv?raw=true"
data = pd.read_csv(url)
```

1.3　ファイナンス・データの前処理

1.3.1　データ並べ替え

　取得するデータには様々な形式や並び方，収録パターンがあります．例えば，stooq であれば，前節のように，ティッカー・コードを指定して取得すると，始値（Open），最高値（High），最安値（Low），終値（Close），売買高（Volume）の日時データが，新しい順から並んでいます．まず，データの並び方を日時の古い順から並べ替える場合には，次の sort_values() を最後に記述します．

```
df=data.DataReader('^NKX','stooq',start="2022-01-01",
end="2022-12-30").sort_values(by='Date',ascending=True)
```

ここでは () 内で，インデックスの 'Date' を昇べきの順に並べることを指示しています．また，取得したデータの特定のみのデータのデータフレームを作成する際には，

```
新データフレーム名=pd.DataFrame（旧データフレーム名.変数名）
```

とすると，新しいデータフレームには選択されたインデックスと変数名のみの
データが格納されます．前節の stooq の例では，

```
新データフレーム名=pd.DataFrame（旧データフレーム名.Close）
```

と指定することで，終値のみが格納されるデータフレームが作成されます．こ
れは stooq の場合は変数名が Close であっただけでの話あり，他のデータ元か
ら取得する場合には，変数名をこの Close の位置に記述すれば，使用したいデー
タのみをデータフレームに格納することができます．

1.3.2　pandas データフレームのインデックス

　pandas データフレームにデータを格納することで，データ分析を行う際の
利便性が格段に高まります．説明が前後しますが，Google Colab を用いる場
合は pandas や NumPy，pandas_datareader のインストールは不要です．こ
うした汎用ライブラリのインストールが不要であることも，Google Colab の
メリットとしてあげられます．

　pandas はデータ格納ライブラリであると同時に，統計処理や欠損値の処理
を含む前処理の実行が，極めてユーザーフレンドリーに作られています．ただ
し，下記の幾つかの注意点を要します．ひとつ目の注意点はインデックスです．
pandas データフレームに納められたデータは，時系列データであれば日時，
クロスセクションデータであれば企業 id や国・地域 id などが，この縦軸の最
左列の「インデックス」に該当します．そして横軸の最上行のカラムが，それ
ぞれのデータの変数名となります．pandas データフレームを使用する際，ま
ず日時や識別番号をインデックスとして指定すること，そして変数名を定義す
ることが，必要となります．

　「この列をインデックスにします」という指示は，データを読み込んだ後，
下記のコードにて指示します．

```
新データフレーム名 ＝ 旧データフレーム名.set_index("Date")
```

ここで"Date"は読み込んだ際のデータのうち，インデックス化したい変数名を記述します．上記は時系列データのため，日時情報をインデックス化しますが，クロスセクションデータの場合には，"Date"の代わりに"id"や"firm"という記述の場合もありえます．第9章では，複数の国々の為替レートデータを，制度変更前後に分割しているため，日時データのインデックス化が効力を発揮します．

1.3.3 pandasデータフレームの変数名の変更

以下では，前節で説明した変数のインデックス化をリセットする方法，そしてこのリセットしたインデックスを含めた，変数名の変更手順を説明します．2つのデータを，同じ日付や企業idで紐づけして統合する作業に取り組まれた経験がある方は多いと思います．マイクロソフトExcelではVLOOKUPやHLOOKUP関数を用いる2つのデータの統合作業が，pandasでは容易に可能です．その際のコードは，次のように指示します．

```
新データフレーム名=pd.merge(データフレーム①,データフレーム②,
how="inner",on="Date")
```

同じ"Date"というインデックスを持つ2つのデータフレームを内部結合（inner）するためのコードが上記です．ところが，2つのファイルの日時のインデックス名が，例えば"Date"と"date"で異なっていた場合，片方を修正する必要が生じます．この場合，インデックスをリセットして，変更するには次のように指示します．

```
データフレーム名.reset_index(inplace=True)
```

変数名を変更する際は，インデックス名の変更を含めて次のように記述します．

```
新データフレーム名 = 旧データフレーム名.rename(columns={'date':
'Date','旧変数①': '新変数①','旧変数②': '新変数②'})
```

特にAPIによりデータを取得する場合には，2つの入手元が異なればイン

デックス名も異なることが多く，また変数名はティッカー・コードがそのまま割り振られているケースが散見されます．変数名の再定義はこうした状況に直面した場合に便利です．

1.4 pandas による平均リターンとリスクの算出

ファイナンス分析は，平均（期待）リターンとリスク（標準偏差）の分析に始まり，終わる，と言っても過言ではありません．pandas データフレームに株価データや金利データ，為替レートなどの，金融資産価格データを格納できれば，リターンとリスクは容易に算出可能です．まず，リターンとリスクを算出するためには，pandas データフレームのデータを次のように演算指示すれば，日次，週次，月次等のデータ頻度に関わらず，前期比が算出されます．なお，ここで**データフレーム①**は金融資産価格の原データです．**データフレーム①**に複数の変数が格納されている場合は，全ての変数の前期比が算出されます．

```
データフレーム② = データフレーム①.pct_change()
```

前期比を算出すると，必ず，データの先頭行に欠損値が生じますので，これを**データフレーム②**.dropna() により除去します．

上記の処理は，

```
データフレーム③=データフレーム①.変数名.pct_change().dropna()
```

のように，CSV ファイル，API 経由，いずれの手段でデータを取得する場合でも，一行で纏めてしまって構いません．

また，**データフレーム②**.dropna() は，() 内に何も指定しない場合は，ひとつでも欠損値を含む行を，全て除去する**データフレーム②**.dropna(how='any') がデフォルトで指定されます．全ての行の値が欠損値である場合のみを除去する場合，欠損値を含む列を除去する場合など，あらゆるパターンの欠損値の処理が可能です[2]．

ファイナンス分析では，この前期比のリターンの平均値が平均リターン，標

---

[2]：紙幅の関係上，これらの方法の説明は省略しますが，実際，必要な場面が訪れた際は，こちらをご覧ください．https://pandas.pydata.org/docs/reference/api/pandas.DataFrame.dropna.html

準偏差がリスクです．この2つのデータの定義が第2章から第11章まで用いられることになります．平均リターン，標準偏差，その他の記述統計の算出方法は，次の通りです．

```
平均値③=データフレーム③.mean()
中央値③=データフレーム③.median()
標準偏差③=データフレーム③.std()
分散③=データフレーム③.var()
最大値③=データフレーム③.max()
最小値③=データフレーム③.min()
記述統計一覧③=データフレーム③.describe()
```

　ちなみに第2章の2資産の効率的フロンティアを導出するソースコードでは，下記の演算を指示しています．ここでは Rp，VAR_Rp がそれぞれ算出結果を格納する新データフレームで，df がリターン実績値の日次データが格納される旧データフレームです．250営業日を平均リターンにも分散にも乗じている理由は，年率換算値を算出するためです．

```
Rp=df.mean()*250
VAR_Rp=df.var()*250
```

1.5　NumPy による平均リターンとリスクの算出

　Python では pandas と NumPy の2つのライブラリを用いることで，統計処理を行うことが可能です．この2つのライブラリのうち，pandas は Python を利用するデータ処理において，ユーザーが行列やベクトルをイメージしやすい環境を提供しています．他方，NumPy は統計分析の他，高速計算が必要な場合に重宝されます．特に，ファイナンス分析では，数万回の演算を繰り返すシミュレーションを実施することも多く，Pandas では数十分要する計算が NumPy を用いれば数秒で完了することもあります．本書では第2章の複数資産の効率的フロンティアの算出や，第5章のモンテカルロシミュレーションでは，1万回を超える演算を行うため，NumPy を使用します．また scikit-learn のように，データの入出力に NumPy 配列を前提としている統計解析ライブラ

リも複数あります．第3章のシングルファクター・モデルの実装や第9章の外国為替レート予測と機械学習で，NumPyを使用するのはこのためです．なお，NumPyもGoogle Colabを用いる場合には，インストールは不要です．NumPyを用いて，例えば6頁でpandasデータフレームに格納した日経平均株価の対数差分，すなわちリターンを算出する場合は，次のようにコードを記述します．この場合，2行目でpandasデータフレームをNumPy配列（ndarray）に変換してから，3行目でリターンを計算しています．下記の例は，NumPyのデータが1次元配列であるとして説明を進めています．

```
import numpy as np
NumPy配列❷=データフレーム①['変数名'].values
NumPy配列❸=np.diff(np.log(NumPy配列❷))
```

　時系列データからリターンが計算できれば，平均リターンと標準偏差は次のコードを用いれば算出できます．

```
平均値❸  = np.NumPy配列❸.mean()
中央値❸  = np.NumPy配列❸.median()
標準偏差❸ = np.NumPy配列❸.std()
分散❸  = np.NumPy配列❸.var()
最大値❸  = np.NumPy配列❸.max()
最小値❸  = np.NumPy配列❸.min()
```

　第5章では，モンテカルロシミュレーションの実行に際し，データフレーム名nikkei，データフレーム内の変数名nikkei，の株価指数データを用いて，平均リターン（mu）と標準偏差（sigma）を次のように算出しています．データフレーム名と変数名が同じであるため，誤解を招きやすいことに注意してください．末尾に250営業日の実数，平方根を乗じる理由は，先に述べたとおり，年率に換算するためです．

```
d_nikkei=np.log(nikkei.nikkei).diff(1)
mu=np.mean(d_nikkei)*250
sigma=np.std(d_nikkei)*np.sqrt(250)
```

1.6 確率分布の描画

pandas でも NumPy でもどちらを用いても構いませんが，平均値と標準偏差が算出されれば，確率分布を導出することができます．確率分布の種類には様々ありますが，以下では 2 章以降のファイナンス分析が用いる，最も標準的な正規分布を，平均値と標準偏差を用いて導出します．

いま正規分布にしたがう確率変数（ある一定の確率で変動する変数）の株価リターンを x，その平均値と標準偏差をそれぞれ μ，σ とすると，この確率変数（株価リターン）の起こりうる分布である確率密度関数 $f(x)$ は，次の式で表すことができます．

$$f(x) = \frac{1}{\sqrt{2\pi}\sigma} \exp\left(-\frac{(x-\mu)^2}{2\sigma^2}\right) \qquad (-\infty < x < \infty) \qquad (1.1)$$

この式（1.1）に基づき，Python でこの株価リターンの確率分布（正規分布）は，次のコードで描画することができます．

まず 3 種類のライブラリを読み込みます．前節の NumPy と確率分布を導出するための SciPy，図表作成のための Matplotlib がそれらのライブラリです．

#[1]ライブラリの読み込み

```
import numpy as np
from scipy.stats import norm #確率密度関数導出のライブラリ
import matplotlib.pyplot as plt #図表作成用ライブラリ
```

次に下記の 6 行を実行すれば，正規分布を描くことができます．まず 1 行目では横軸，2 行目では縦軸を定義します．SciPy から正規分布 norm および確率密度関数であることを指定する pdf() 内の 2 番目と 3 番目に，それぞれ平均と標準偏差を記述すれば正規分布を描くことができます．

```
X = np.arange(0, 0.2, 0.0001)  #横軸を0.0001刻みで0～0.2に設定
Y = norm.pdf(X, 0.1, 0.025)#平均:0.1と標準偏差:0.025の確率密度関
数導出
plt.xlabel("Return")#横軸「平均リターン」を記述
plt.ylabel("Probability Density")#縦軸「確率密度」を記述
plt.plot(X, Y)  #可視化
plt.show()
```

　下図は株式投資の平均リターンが10％，標準偏差が2.5％の場合の正規分布
です．横軸は確率変数（平均リターン），縦軸が確率密度（起こりやすさ）です．
要するにこの確率分布は，平均値である10％の平均リターンが最も起こりや
すい一方，それ以外の平均リターンの値も，それなりの確率で発生することを
意味しています．要するにこの「起こりやすさ」の分布の広がりが「リスク」
になります．これがファイナンス論における平均リターンとリスクの関係です．

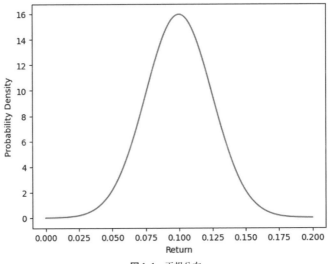

図 1.1　正規分布

第2章
現代ポートフォリオ理論のデータサイエンス

2.1 平均分散アプローチ

現代ポートフォリオ理論を学ぶする上での，最初の一里塚が，「効率的フロンディア」の導出です．ハリー・マーコビッツ氏は，株式や社債など，複数の金融資産を組合わせることで，最小のリスクで最大のリターンが得られるという証券投資理論を，1952年の*Journal of Finance*で発表しました[*3]．約40年後の1990年にノーベル経済学賞を受賞することになるこの理論は，個々の資産価格の時系列データには，必ず平均値と分散が存在することを前提としています．この資産価格の変動が持つ統計上の特徴を応用することで，証券投資における最適資産構成を算出するための手法を説明するのが「平均分散アプローチ」です．

平均分散アプローチの名称は，金融資産価格の収益率（変動率）の平均値と分散を用いて，最適資産構成比率を導出する考え方に由来します．この理論は，ある投資家が複数の資産を持つ場合，最も望ましいリターンとリスクを実現する組み合わせはどのように算出されるかを示しています．具体的には，投資対象となる資産のリターンとリスク，そしてそれぞれの比率を算出することにより，投資家がどの程度のリスクを選択すれば，どの程度の期待リターンが得られるかが，この理論実装により明らかになります．

現代ポートフォリオ理論の教科書では，しばしば「平均リターン」と「期待リターン」という金融用語が混在します．平たく述べれば，平均（期待）リターンとは，要するに過去（将来）の資産価格の変動率の平均（期待）値です．株価，債券価格などの証券価格が前日比，前月比，前年比で過去にどのように変動率が分布していたのか，そしてこの過去の「平均リターン」の分布が，将来，ある確率分布のもとで同様に散らばることが期待されることから，「期待リター

---

*3：Markowitz, Harry M. (1952), "Portfolio Selection", *The Journal of Finance*, Vol. 7, Issue 1, pp. 77-91.

ン」と表現されます．平均分散アプローチでは，過去の時系列データから算出
された各々の資産価格の変化率の平均値を「平均リターン」，そしてこの分散
を「リスク」と定義します．複数の資産を組み合わせる場合には，それぞれの
資産価格のリターンの平均，分散以外にそれぞれの資産価格の分散が，他の資
産の分散とどのように影響し合うかの指標である共分散も存在します．この共
分散の存在を利用し，複数の資産を組み合わせることで，ポートフォリオ全体
の期待リターンが最も高く，リスクが最も低い組み合わせを描いた曲線が，効
率的フロンティアです（図2.1）．

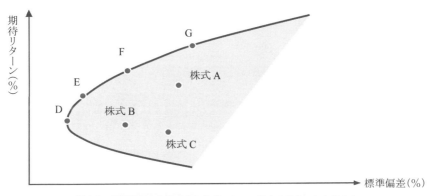

図2.1　複数資産から構成されるポートフォリオのリターンとリスク

　複数の資産からポートフォリオを構成する場合，それぞれの資産のリターン
とリスクは異なります．現代ポートフォリオ理論は，これらの価格変動の相関
が低い資産を組み合わせることで，より高リターンで低リスクなポートフォリ
オの組み合わせが可能となると説明しています．例えば図2.1は，複数資産の
分散投資を実施した場合の，このポートフォリオ全体の期待リターンと分散（標
準偏差）を示しています．この図2.1は，投資家にとって選択可能な期待リター
ンとリスクの組み合わせを明示的に示しています．効率的フロンディアの導出
がもたらすメリットのひとつは，あらゆるリターンとリスクの組み合わせを定
量的に把握することができることです．そして，投資家は，この組み合わせの
選択肢を手元に携えることで，自分のリスク許容度に応じた資産選択が可能と
なります．
　図2.1の網掛け部分は，投資家が選択可能な期待リターンとリスクの組み合

わせを示しています．同じリスクのもとでより高い期待リターンを選択することは，網掛け内の期待リターンとリスクの組み合わせを選択することを意味しません．図 2.1 の，左端の効率的フロンディア上の資産構成比率を選択することが，最もリスクが低いポートフォリオを構成することになります．この投資家が最もリスク回避的な複数資産への投資を行いたいならば D 点の資産構成比率を選択することができます．しかし，D 点の期待リターンは点 E や点 F に比べれば低水準です．逆に点 G を選択すれば期待リターンは高まりますが，このときのポートフォリオ全体のリスクは高まります．要するに，期待リターンを実現するまでの期間や，投資家自身がどこまでのリスク許容度に耐えられるか次第で，点 E，点 F，点 G，いずれの期待リターンとリスクを選択すべきかが決められることになります．

2.2　期待リターン（平均リターン）

　前節で説明した通り，現代ポートフォリオ理論では多くの場合，過去の一定期間の投資リターンの分布が将来も同様の分布となると仮定します．このことは，過去の金融資産価格の実績値から算出されたリターンの散らばり方が，将来のリターンの散らばり方と一致するという，強い前提を置くことを意味します．実際の金融資本市場では，そのようなことはほぼ起こりませんが，ある株式 i の期待リターン $E(R_i)$ が確率変数であることを理解すれば，この前提は，実際の金融資本市場でも起こりうることが理解できます．換言すれば，確率変数としての期待リターンは，ある確率分布にしたがいます．このため，過去のこの平均値は将来にわたり同水準であることを仮に前提としたとしても，ある確率分布にもとづく異なるリターンがこの分布に基づく確率のもとで将来実現する可能性が高いことになります．

　複数資産の平均リターンの算出は単純です．一般的に複数資産から構成されるポートフォリオの平均リターンは次式の加重平均により定義されます．この γ を少しずつ変化させることで複数資産のポートフォリオ全体の期待リターン $E(R_p)$ は上昇もしくは下落します．すなわち，リスク（分散）の大きさを見ながらこの $E(R_p)$ を最大化させることが平均分散アプローチを実装することに他なりません．

$$E(R_p) = \sum_{i=1}^{N} \gamma_i E(R_i) \qquad (2.1)$$

　以下の例は，最も単純化した事例です．例えば，株式 A と株式 B という 2 つの金融資産に 50%ずつ投資した場合，R_A を株式 A の期待リターン，R_B を株式 B の期待リターンとすると，式（2.1）によれば，そのポートフォリオ全体の期待リターンは，

$$E(R_p) = 0.5E(R_A) + 0.5E(R_B) \qquad (2.2)$$

となります．この式から R_A と R_B の期待リターンの組み合わせを，自分のリスク許容度を踏まえた上で，$E(R_p)$ を最大化する資産構成比率を選択することになります．

2.3　リスク（分散と共分散）

　「平均分散アプローチ」において大きな役割を果たすのが分散と共分散です．図 2.2 に示される通り，リターンのばらつきの程度を平均分散アプローチでは，「リスク」と解釈します．そして，金融資本市場には，短期的に確実なリターンを得なければならない投資家もいれば，何かしらの理由で高いリスクを選択することが許される投資家もいます．このため，投資家によって許容するリスクの程度が異なるために，期待リターンも異なるということが，現代ポートフォリオ理論の重要な出発点です．

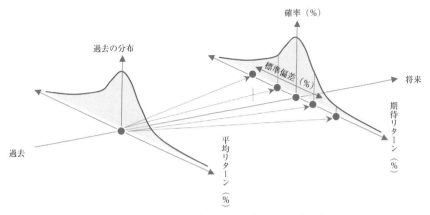

図 2.2　株式 A への投資のリターンとリスクの考え方

複数の資産から構成されるポートフォリオ全体のリターンが，それぞれの構成比の加重平均であることはすでに述べた通りです．これに対し，複数の資産から構成されるポートフォリオ全体の分散は，それぞれの分散の加重平均値よりも大きくなることもあれば，小さくなることもあります．その理由はポートフォリオが複数資産から構成される場合，この全体の分散の算出式には Cov (R_i, R_j) という $N \times (N-1)/2$ 種類の価格の共分散が含まれるためです（N は金融資産数）．逆に言えばこの共分散を応用することで，ポートフォリオ全体の分散（標準偏差）の最小化が可能になることが，平均分散アプローチの重要な帰結です．

$$\text{Var}(R_p) = \sum_{i=1}^{N} \gamma_i^2 \text{Var}(R_i) + \sum_{\substack{i,j=1 \\ i \neq j}}^{N} 2\gamma_i \gamma_j \text{Cov}(R_i, R_j) \tag{2.3}$$

式（2.3）は，ポートフォリオを構成する各資産の分散と N 個の資産のうちの2つずつの資産の共分散から構成されています．各資産の分散には構成比率の2乗が乗じられ，この値に2つずつの資産構成の組合せ比率に2を乗じた値が加算されています．最も単純化した例として，株式 A と株式 B という2つの金融資産に50%ずつ投資し，R_A を株式 A のリターン（構成要素），R_B を株式 B のリターン（構成要素）とすると，このポートフォリオ全体の分散は，

$$\text{Var}(R_p) = 0.5^2 \text{Var}(R_A) + 0.5^2 \text{Var}(R_B) + 2 \times 0.5 \times 0.5 \times \text{Cov}(R_A, R_B) \tag{2.4}$$

となります．上述の通り，複数資産から構成されるポートフォリオの全体の分散は，個々の資産の分散に構成比率を乗じた値の合計にはならず，$\text{Cov}(R_A, R_B)$ という共分散が存在します．そしてこの共分散の定義は，2つの資産の平均リターンを算出する際の各リターン（構成要素）R_A, R_B から，それぞれの平均（期待）リターン $E(R_A)$, $E(R_B)$ を差し引いた値を乗じ，標本数 N で除した値です．

$$\text{Cov}(R_A, R_B) = \frac{1}{N} \{R_A - E(R_A)\} \{R_B - E(R_B)\} \tag{2.5}$$

R_A, R_B の標準偏差をそれぞれ $\sigma(R_A)$, $\sigma(R_B)$ とすると，共分散 $\text{Cov}(R_A, R_B)$ を標準偏差 $\sigma(R_A)$, $\sigma(R_B)$ の積で除すことにより，この R_A, R_B の相関係数 ρ が算出されます．

$$\rho(R_{\mathrm{A}}, R_{\mathrm{B}}) = \frac{\mathrm{Cov}(R_{\mathrm{A}}, R_{\mathrm{B}})}{\sigma(R_{\mathrm{A}})\,\sigma(R_{\mathrm{B}})} \tag{2.6}$$

上式は，2つのリターンの共分散 $\mathrm{Cov}(R_{\mathrm{A}}, R_{\mathrm{B}})$ が相対的に大きいほど，この2つの資産の相関係数 $\rho(R_{\mathrm{A}}, R_{\mathrm{B}})$ も大きいことを意味しています．同時に，この式は，2つの株価の相関係数が大きいほど，各々のリスク（標準偏差）に比べ，共分散が大きいことを意味します．複数資産から構成されるポートフォリオ全体のリスク最小化を目指す場合，同じ産業セクターに属する企業の株式や輸出関連企業株など，資産価格の相関が高い株式の選択を避けるのはこのためです．

2.4 分離モデルと資本市場線

資産選択理論（ポートフォリオ・セレクション・モデル）には，一般的には，資産構成比率の選択と，資産選択の，2つの選択があります．複数資産から効率的フロンディアを導出する場合，一度，資産選択を決定すると，投資家にとって期待リターンとリスクの選択は，例えば図 2.3 の網掛け部分内の組み合わせとなるとします．このとき，この投資家が，その網掛け部分内のいずれも満足することできず，この網掛け部分外の期待リターンとリスクの組み合わせを選択するためには，効率的フロンティアそのものを左方へシフトさせる必要があります．この場合，資産構成比率の選択ではなく，各資産そのものを選び直さなければなりません．

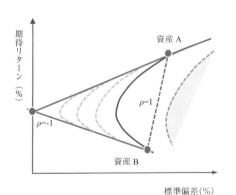

図 2.3 資産間の相関係数と効率的フロンティア

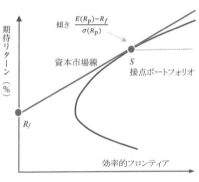

図 2.4 シャープレシオと効率的フロンティア

この資産選択において，効率的フロンティアを左方向へシフトさせるひとつの推進力が資産間の相関係数です．2資産の運用において，この2資産の各リターンの相関係数が「1」の場合，効率的フロンティアは資産Aと資産Bを結ぶ点線（直線）となります．この相関係数が小さくなるにつれて効率的フロンティアは縦軸の左方向へ凸性を強め，「-1」のときには標準偏差がゼロとなり，相関係数 $\rho = -1$ の点から資産A，資産Bを結ぶ直線となります．資産選択時に相関が低い資産を組み合わせる投資行動とは，このように効率的フロンティアの凸性を左方向へ強める行為に他なりません．

期待リターンとリスクの比率はどの程度であればよいのでしょうか．そのひとつの指標としてウィリアム・シャープ氏が1966年の *Journal of Business* 誌において発表した指標が「シャープ・レシオ」です[*4]．ポートフォリオ全体の期待収益率が $E(R_p)$，このリスク（標準偏差）を $\sigma(R_p)$，安全資産の期待収益率を R_f とすると，シャープ・レシオ $S(R_p)$ は次のように定義されます．

$$S(R_p) = \frac{E(R_p) - R_f}{\sigma(R_p)} \tag{2.7}$$

このシャープ・レシオは，分母のリスク（標準偏差）が「1」単位増加，すなわち追加的にリスクを引き上げた場合，分子のリスク資産の利回りから安全資産の利回りを除いたリターンが，どの程度増加するのかを示しています．投資家が自らの資産の100%を国債等の安全資産で保有する場合，その期待収益率は図2.4の R_f の水準となります．この投資家が国債保有比率を少しずつ低下させ，その分をリスクのある株式投資比率を少しずつ高めるに連れ，このポートフォリオは期待リターンとリスク（標準偏差）の双方が高まります．この安全資産とリスク資産の2種類の資産を組み合わせることで高まる，期待リターンとリスク（標準偏差）の正の関係が資本市場線です．そしてこの資本市場線は，必ず効率的フロンティアと接する点（接点ポートフォリオ）を有し，この接点がリスクが最小のもとで最も期待リターンが高まる資産構成比となります．

その理由を説明すると次の通りです．図2.4に示される通り，安全資産と危険資産から構成される資本市場線と効率的フロンティアは，異なる期待リター

---

*4：Sharpe, William F. (1966), "Mutual fund performance," *The Journal of Business*, Vol. 39, Issue 1 : pp. 119-138.

ンとリスク（標準偏差）の関係を持ちます．この分離定理と呼ばれる定理に基づき，資本市場線の期待収益率を $E(R_M)$，安全資産の構成比率を $1 - \beta$，期待リターンを R_f，危険資産の配分比率を β，期待リターンを $E(R_p)$ とすると，次の関係式が成立します．

$$E(R_M) = (1 - \beta)R_f + \beta E(R_p) \tag{2.8}$$

このとき国債などの確定利付証券は，償還まで保有すればリスク（標準偏差）がゼロのため，資本市場線上のポートフォリオのリスク（標準偏差）$\sigma(R_M)$ は，危険資産のリスク（標準偏差）に構成比率を乗じた $\beta\sigma(R_p)$ と等しくなります．

$$\sigma(R_M) = \beta\sigma(R_p) \tag{2.9}$$

この関係を $E(R_M) = (1 - \beta)R_f + \beta E(R_p)$ に代入して β を消去すれば，次式が得られ，この $\sigma(R_M)$ の係数である傾きはシャープ・レシオの定義と一致し，定数項は国債などの無リスク資産の利回りと等しくなります．

$$E(R_M) = \frac{E(R_p) - R_f}{\sigma(R_p)}\sigma(R_M) + R_f \tag{2.10}$$

2.5　現代ポートフォリオ理論の実装——2資産のケース

本節で紹介するソースコードは GitHub リポジトリの以下のファイルにて閲覧可能です．選択銘柄，標本期間が異なるデータを用いて実装を行う場合はこちらを使用してください．

```
2_1_two_asset_efficient_frontier.ipynb
```

　本節ではまず，2資産の株価データから，その期待リターンとリスク（標準偏差）を算出することにより，効率的フロンティアを導出します．例として香港市場に上場する，中国の大手通信企業テンセント（700.HK）と電気自動車の生産拡大が進む浙江吉利汽車控股（175.HK）の株価を用います．なお，下記の Python のコースコードは Google Colab において実行します．ライブラリは統計解析，数値演算のための pandas と NumPy，図表作成のための Matplotlib の3種類を読み込みます．

#[1]ライブラリの読み込み

```
import pandas as pd
import numpy as np
import matplotlib.pyplot as plt
```

　ライブラリの読み込み後，データは GitHub にあらかじめ保存したデータを取得します．今回の例では 2019 年 1 月 1 日から 2021 年 12 月 31 日までの，テンセント（700.HK）と浙江吉利汽車控股（175.HK）の株価リターンをデータフレーム（data）に格納し，日付をインデックス化します．

#[2]株価データ取得

```
url = "https://github.com/nagamamo/data/blob/main/
2_1_data.csv?raw=true"#Git-hub から CSV データの入手
data = pd.read_csv(url)#データフレームの作成
df = data.set_index("Date")#日付をインデックスへ変更
```

　次にこの 2 種類の時系列データから，株価の平均リターン（R_p）を算出します．続いて平均リターン（R_p）と同様に，分散（VAR_R_p），共分散（Cov_R_p）を算出します．平均リターン（R_p），分散（VAR_R_p），共分散（Cov_R_p）は，本節ではいずれも年率換算するために ×250 営業日を施します．

#[3]ポートフォリオ収益率の平均・分散・共分散の算出

```
Rp=df.mean()*250 #年率データへ換算
VAR_Rp=df.var()*250
Cov_Rp=df['700.HK'].cov(df['175.HK'])*250
```

　算出された平均リターン（R_p），分散（VAR_R_p），共分散（Cov_R_p）を用いて資産構成比率別のポートフォリオ全体のリターンとリスク（標準偏差）を算出します．ここでは NumPy の np.arrange() を用いることで，1%ずつテンセント（吉利汽車）株の資産比率を引き上げ（低下させ），それぞれの資産配分比率時のリターンとリスク（標準偏差）を算出します．可視化する際の横軸はリスク（標準偏差）を用いるため，ポートフォリオ全体の分散 Var_$Rp2$ は np.sqrt(Var_$Rp2$) により標準偏差へ再計算します．

```
weights=np.arange(0,1.01,0.01) #比率0%から1%刻みで100%まで増加
for i in np.arange(0,1.01,0.01):
  E_Rp=weights*Rp["700.HK"]+(1-weights)*Rp["175.HK"]
  #各比率ごとに平均リターンの反復計算
```

```
for i in np.arange(0,1.01,0.01):
  Var_Rp2=weights*weights*VAR_Rp["700.HK"]+(1-weights)*
  (1-weights)*VAR_Rp["175.HK"]+2*weights*(1-weights)*
  Cov_Rp #各比率ごとに標準偏差の反復計算
Sigma_Rp=np.sqrt(Var_Rp2)
```

```
plt.scatter(Sigma_Rp,E_Rp)#散布図の作成
plt.xlabel("Risk")  #横軸ラベルの指定
plt.ylabel("Expected Return")  #縦軸ラベルの指定
```

　次に，効率的フロンティアの算出に続き，資本市場線（Capital Market Line；CML）を導出します．上記までのソースコードを用いて，効率的フロンティアを描くことはできました．ところが，このままでは，資産の組み合わせの選択肢のうち，どの比率を選択すればよいかがわかりません．シャープ・レシオが最大値に達する組み合わせ比率の選択には，批判もありますが，本例では，この考え方を用います．シャープ・レシオの算出式は，式（2.7）（p.20）で示した通りです．ここでは，まず，無リスク資産の金利が必要となりますので，1行目で香港ドル建て10年債利回りの金利を与えます．平均リターンと標準偏差の算出に際し，[4][5]で算出した各資産比率ごとのリターンとリスクの値を，新しいpandasデータフレームmean_varianceに格納します．これらのデータを用いてシャープ・レシオを算出し，このデータフレームをs_ratioと名付けます．そして，np.amax()を用いて，このデータから最も高いシャープ・レシオの抽出してこれをmax_srと定義します．

#[7]シャープレシオの算出

```
rf=0.03157 #無リスク資産の利回り(香港ドル10年債≒米ドル10年債)
columns=['Ratio']
mean_variance=pd.DataFrame(data=weights, columns=columns)
#pandas データ配列へ変換
mean_variance['Risk'] = pd.DataFrame(Sigma_Rp)
mean_variance['Expected_Returns'] = pd.DataFrame(E_Rp)
mean_variance['Sharp_Ratio'] = pd.DataFrame((E_Rp-rf)/
Sigma_Rp)
s_ratio=(E_Rp-rf)/Sigma_Rp #シャープレシオの定義
max_sr=np.amax(s_ratio) #シャープレシオ最大値の変数定義
```

　続いて，すでに作成した mean_variance のデータフレームを用いて，loc[mean_variance['Sharp_Ratio'].idxmax()] により，シャープ・レシオが最大となるテンセントと吉利汽車の資産構成比率，標準偏差，リターンを，新たに optimal というデータフレームを作成して保存します．そして，このときの標準偏差 optimal.iloc[1,0]，平均リターン optimal.iloc[2,0] の値を抽出して，それぞれを新しい変数名 opt_risk，opt_return と名付けます．次の [8] で示す結果は，この2資産の最適資産構成がテンセント：吉利汽車＝49％：51％であり，その時のシャープ・レシオが0.617であることを示しています．「データフレーム名.iloc[行, 列]」は，データフレームの中から，上から（左から）何番目，と指定することで，特定の行と列の値を抜き出す指示です[*5].

#[8]最適資産比率の導出

```
optimal=pd.DataFrame(mean_variance.loc[mean_variance
['Sharp_Ratio'].idxmax()])
#シャープレシオ最大時の比率・リスク・リターン
opt_risk=optimal.iloc[1,0] #最適資産構成時のリスク
opt_return=optimal.iloc[2,0] #最適資産構成時の期待リターン
optimal
```

　最後に横軸にリスク（標準偏差），縦軸に期待リターンを採る資本市場線

（CML）を効率的フロンティアとともに可視化します．式（2.10）（p.21）で示した通り，資本市場線（CML）の傾きは，シャープ・レシオに一致します．線形の資本市場線（CML）の傾きは一定ですが，重要な点は，この資本市場線（CML）が必ず効率的フロンティアと接することになり，この接点がテンセントと吉利汽車2資産の最適資産構成となることです．

＃[9]資本市場線（Capital Market Line: CML）の導出

```
def CML(rf,sharp_R,label):
#無リスク資産・シャープレシオ sharp_R の関数定義
    Risk = [x/100 for x in range(100)] #横軸 Risk を設定
    ExpectedReturn = [rf+max_sr*x for x in Risk]
    #縦軸 Ep を算出
    plt.plot(Risk,ExpectedReturn,label=label)
    plt.xlabel("Risk")
    plt.xlim(0.325,0.525)  #横軸の幅設定
    plt.ylabel("Expected Return")
    plt.ylim(0.18,0.33)  #縦軸の幅設定
    plt.plot(opt_risk,sharp_R,"ro",linestyle = "--",
    markersize=16)  #資本市場線の作成

CML(rf,opt_return,"Capital Market Line (CML)")  #CML 導出
plt.scatter(Sigma_Rp,E_Rp)  #効率的フロンティアの作成
plt.legend()
plt.show()
```

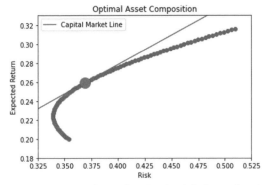

Ratio	0.490000
Risk	0.368760
Expected_Returns	0.259144
Sharp_Ratio	0.617134

図2.5　テンセント（700.HK）と浙江吉利汽車（175.HK）の資本市場線（CML）と効率的フロンティア

【コラム】現代ポートフォリオ理論の実装──3資産以上のケース

　このコラムで紹介するソースコードは GitHub リポジトリの以下のファイルにて閲覧可能です．選択銘柄，標本期間が異なるデータを用いて実装を行う場合はこちらを使用してください．

```
2_2_multiple_asset_efficient_frontier.ipynb
```

　本コラムでは，応用編として，複数資産の期待リターン，リスク（標準偏差）を算出する事例を示します．以下の説明を読む際には，上記のファイルを開いた上で学習を進めてください．Google Colab 上のソースコードは，以下の8つのセルから構成されます．各セルごとのソースコードの解説は，このファイルを開くと，セルの上部に記述されています．

> #[1] ライブラリ読み込み
> #[2] 株価日次データの取得
> #[3] データ前処理
> #[4] 資産の数・反復回数の設定と平均リターン・リスクの算出
> #[5] 資産の数・反復回数の設定と効率的フロンティアの導出
> #[6] 最適資産構成時の期待リターン・リスクの算出
> #[7] 最適資産構成算出結果の後処理
> #[8] 効率的フロンティアと CML の導出

　上記のリポジトリのファイルを使用し，実務の現場で3資産以上の期待リターンとリスクを導出する場合は，**[2]株価日次データの取得**における証券コード，**[4]資産の数・反復回数の設定と平均リターン・リスクの算出**の n：資産数，**[6]最適資産構成時の期待リターン・リスクの算出**の rf：無リスク資産利回り，の3点を変更してください．

　前節のソースコードに加筆することでも3資産以上の期待リターンとリスク（標準偏差）の算出は可能です．しかし，3資産以上の場合には，記述するコードが複雑になるため，「異なるアプローチ」が必要です．「異なるアプローチ」とは，資産構成比率を無数に発生させ，その臨界線を導出して効率的フロンティアを描くアプローチです．本コラムの事例では，5資産の最適資産構成比率のソースコードを用いますが，このソースコードを用いれば10資産でも100資産でも，実装可能です．

　本コラムのソースコードでは，前節のテンセント（700.HK），浙江吉利汽車控股（175.HK）の2資産ポートフォリオに，時価総額上位銘柄の次の3銘柄を追加

します．具体的には，大手情報通信企業の中国移動（チャイナ・モバイル，941. HK），アリババ（9988. HK），四大商業銀行のひとつ中国建設銀行（939. HK）の3資産を加えます．これらのH株市場に上場される中国本土企業は，香港ドル建てで株式が発行され，市場で取引されます．カレンシーボード制下の香港市場では，米ドルと香港ドルは1ドル7.8香港ドルの固定相場で交換されます．そして第9章でも詳述しますが，米国と香港間は，国境を越える資本取引がほぼ自由化されています．つまり，米国投資家が上記の5資産に投資する場合，外国為替リスクはありません．

　このソースコードは，インポートするライブラリは前節と同じです．また株価データの取得，前処理も同様です．前節の実装例と異なるのは，［4］からです．まずこのセルでは，1行目と2行目で資産数（$n = 5$）と無作為に用いる資産組合せ比率の数（$p = 10,000$）を定義します．次に年率の平均リターン（Ep）と分散・共分散（Cov_Rp）を算出します．mean_variance=[] は，後で各組合せごとに算出する平均値・分散（共分散）を収納するための空配列です．weight_ratio=[] は，この各平均値・分散（共分散）に対応する各資産構成比率を格納するための空配列です．ticker_list=[] は同様に，各平均値・分散（共分散）に対応する各銘柄を保存するための空配列です．

　［5］のセルでは，p 種類の資産組み合わせ比率をランダムに（本例では 10,000 種類）作成して，p 種類のポートフォリオの期待リターンとリスクの組合せを導出します．まず，n 種類の銘柄の p 種類のランダムな組み合わせの NumPy 配列である portfolio，その組み合わせ配列の weights を 1-2 行目で定義します．続いて，生成されるランダムな組合せ比率を用いて，ポートフォリオ全体の期待リターンと分散共分散の計算を p 回反復計算します．算出された結果およびランダムに生成した諸比率，銘柄名は，「配列名.append()」により，それぞれ mean_variance，weight_ratio，ticker_list に保存します．この時点で，mean_variance の2つの配列である期待リターンと分散をプロットすれば，n 種類の資産の効率的フロンティアは描けます．

　［6］では，シャープレシオ最大時の期待リターンとリスクが算出されます．これらは opt_return，opt_risk と入力すれば結果が出力できます．［7］と［8］では，これらの期待リターン，リスクを実現する際の銘柄と組み合わせ比率のデータを表示します．

　下記の結果は，浙江吉利汽車控股（175. HK），中国建設銀行（939. HK），テンセント（700. HK），アリババ（9988. HK），中国移動（チャイナ・モバイル，941. HK）の5資産では，47%：9%：40%：1%：4%（小数点以下四捨五入）の構成

比が，期待リターンが最も大きくリスクが最小のポートフォリオであることを示しています．

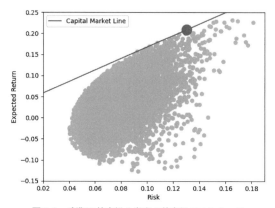

図 2.6　香港 H 株市場 5 資産の効率的フロンティア

第**3**章
CAPM 理論のデータサイエンス

3.1 CAPM 理 論

　CAPM（Capital Asset Pricing Model，資本資産評価モデル）理論は，株式市場に参加する投資家の期待リターンとリスクの関係を説明する理論的枠組みです．一見，平均分散アプローチと CAPM 理論は似通っているように聞こえますが，平均分散アプローチの資本市場線（Capital Market Line；CML）は，投資家が保有する複数資産（ポートフォリオ）全体の期待リターンとリスク（標準偏差）の関係を説明しています．これに対し，CAPM 理論における証券市場線（Security Market Line；SML）は，個々の銘柄（企業）の期待リターンとリスク（ベータ値）の関係を表します．

　CAPM 理論では，投資家がどの程度のリスクを負担するかで，得られる期待リターンが異なることを前提としています．CAPM 理論は資産価格の変動ボラティリティを「株主資本コスト」と定義します．そして株主がこの「株主資本コスト」を投入することで，期待するリターンの大きさがどの程度になるのか，その枠組みを説明しています．要するに，株価の変動を株主資本コストと捉えるということは，期待リターンがこのリスクプレミアムを支払うことへの対価と捉えられているということです．つまり，平均分散アプローチが，複数資産の最適資産配分のあり方を説明しているのに対し，CAPM 理論は個別銘柄の期待リターンとリスクのトレードオフ関係を理論的に整理しています．

　投資家が，企業が発行した株式を購入する主たる理由は，配当所得もしくは株式売却益を得るためです．いずれの場合も，この企業が利潤最大化を目指す過程で，企業価値が増大すれば，さらに多くの投資家がこの企業の株式を購入することを望みます．株価が上昇すれば，それに発行済み株式数を乗じた時価総額の規模も増大します．図 3.1 に示される通り，企業の，時価評価した自己資本（≒時価総額）が増大すれば，社債発行や銀行借入の余地も広がり，借方の総資産規模も増大します．この総資産の内訳には，設備投資や研究開発投資

貸借対照表

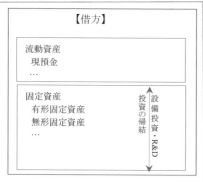

図 3.1　企業の資本構成と株価の関係

の実績である有形固定資産や無形固定資産等が含まれます．そして，これら各企業により実施される生産能力増強が，売上最大化や利潤最大化に結び付くか否かは，個々の企業経営者のマネジメントに依存します．

　2022 年 12 月 31 日時点での，プライム，スタンダード，グロース，Tokyo Pro Market の 4 つの東京市場の上場企業数は合計で 3,868 社です．つまり，東京市場では，この 3,868 社が，投資家からの株式投資により資金を集め，設備投資や研究開発投資を行うことで生産能力を増強し，利潤最大化ならびに株主価値最大化を目指しています．換言すれば，これらの企業は，投資家から株式市場に投資された資金を，製品サービスの生産や販売という，企業活動に投資することで，企業価値最大化を目指し，投資家に配当を還元しています．重要な点は，この 3,868 社は，それぞれ異なる経営者のもとで進められているビジネスであるということです．上記の通り，異なるビジネスを行う企業は，それぞれの期待収益率の裏側にある事業リスクも異なります．CAPM 理論は，この 3,868 社全ての時価総額，いわゆる「マーケット・ポートフォリオ」の価格がどの程度変動するのか，そしてこれに対して個別銘柄の株価変動がどの程度，上回るのか，下回るのか，をリスクプレミアム≒株主資本コストと解釈しています．

3.2　CAPM 理論における期待リターンとリスク

証券市場線（SML）は，期待リターンのリスクプレミアムであるベータ値と，期待リターンの線形関係を示す直線です．ここにおいて，この横軸のベータ値は，市場全体の銘柄から構成されるマーケット・ポートフォリオのリターンの分散に対する，各個別銘柄とマーケット・ポートフォリオのリターンの共分散の比率です．要するにマーケット全体の変動を，個別企業の株価の変動がどの程度上回ったのか（下回った）のかを示す指標がベータ値です．縦軸に期待リターンを採る場合，平均分散アプローチにおける資本市場線（CML），CAPM 理論における証券市場線（SML）は，ともに縦軸の切片が無リスク資産に投資した場合の利回りとなります．

この無リスク資産の利回りには，通常，当該国・地域のソブリン債利回りが用いられます．主要格付機関が用いるカントリー・シーリング（ソブリン・シーリング）の考え方のもとでは，通常，民間企業が発行する社債の格付けは，当該国・地域のソブリン債の格付けを超えることができません．結果として，社債投資を行う投資家は，ソブリン債投資を行う場合に比べて，より高い期待リターンを社債投資に求めることになります．株式投資のマーケット・リスクは社債投資の信用リスクを更に上回ります．国債・地方債や社債などの確定利付証券に比べ，株式投資は元本が保証されているわけではありません．にもかかわらず，株式投資を選択する投資家は，このとき，確定利付証券の信用リスクプレミアムを超える期待リターンを，個別銘柄に求めます．そうでなければ，確定利付証券に投資しておいた方が良い，ということになります．

投資家が限界的に 1% のリスク負担を増加させた場合，どの程度の期待リターンが増加するかを示しているのがシャープ・レシオです．これに対し，CAPM 理論では，投資家は個別企業への株式投資に際し，この「株主資本コスト ≒ 株価の変動」を上回る期待リターンを経営者に求めるという説明の仕方をしています．当該企業の期待リターンがマーケット・ポートフォリオ全体のリスクと一致する場合には，この株価のベータは「＝1」となり，上回る（下回る）場合には「1」を上回り（下回り）ます．

図 3.2 は，CAPM 理論におけるベータ値と期待リターンの関係を示しています．横軸のベータ値が「ゼロ」の地点①は，国債・地方債などの無リスク資

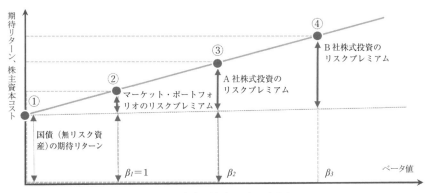

図 3.2 証券市場線（SML）の考え方

産の期待リターンの利回りに等しいことを表しています．社債投資を行う場合，リスクは信用リスクの上昇分のみ高まるため，この無リスク資産の期待リターンを上回る期待リターンが要求されます．株式投資の場合にはこれにマーケット・リスクが加わるため，確定利付き証券への投資よりもリスクはさらに高まります．地点②は，市場全体の銘柄から構成されるマーケット・ポートフォリオのベータ値であり，これは「＝1」となります．地点③④は，マーケット・ポートフォリオよりも高いベータ値を持つ企業への株式投資の期待リターンを表します．③は②よりも，④はさらに③よりもベータ値が大きいため，投資家は②＜③＜④ の順に高い期待リターンを求めることになります．この国債の期待リターンよりも高まったリスクプレミアム分が，それぞれ A 社，B 社の株式投資における株主資本コストということになります．

3.3　ベータ値の推計

　前節で示された CAPM 理論の期待リターンとリスクの関係は，次の推計可能な線形の証券市場線（SML）で表されます．このため，実務上，日々のデータを用いて推計可能であるため，多くの金融情報通信社が，各個別銘柄ごとにこの情報を更新して提供しています．

$$E(R_i) = R_f + \beta_i [E(R_M) - R_f] \tag{3.1}$$

　ここでは $E(R_i)$ は企業 i の株式の期待リターン，$E(R_M)$ はマーケット・ポートフォリオの期待リターン，R_f は無リスク資産の期待リターンを意味します．

式 (3.1) は, 金融資本市場に無リスク資産が存在することを前提としています. 式 (3.1) の場合, 個別銘柄の株価のリスクの大きさを示すβ_iは, 次式で示される通り, i社株価とマーケット・ポートフォリオの期待リターンの共分散を, マーケット・ポートフォリオの分散で除した値となります. 個別銘柄のβ_iが ひとつの市場インデックスで説明されていることから, この実証モデルはシングルファクター・モデルと呼ばれます. pandas_datareaser で市場インデックスと個別銘柄の価格データが入手できれば, pandas もしくは NumPy で毎日算出を自動化しておくことができます.

$$\beta_i = \frac{\mathrm{Cov}(R_i, R_\mathrm{M})}{\mathrm{Var}(R_\mathrm{M})} \tag{3.2}$$

要するに式 (3.2) は, この企業 i の株価が市場全体の変動に連動していれば, β_iの値が 1.0 に近似することになり, 大きく乖離していれば, 1.0 を上回る, もしくは下回ることになります. ヒストリカル・データを用いて i 社の株価のベータ値を推計する場合, 最小二乗法による回帰分析が用いられます. この際に推計されるベータ値は式 (3.2) に基づき推計されます.

3.4 CAPM 理論の実装

本節で紹介するソースコードは GitHub リポジトリの以下のファイルにて閲覧可能です. 銘柄および標本期間が異なるデータを用いて実装を行う場合はこちらを使用してください.

```
3_single_factor_model.ipynb
```

本節では, 2 資産のベータ値を算出することで, 2 つの銘柄の期待リターンとリスクプレミアムを比較します. 例として米ナスダック市場で株式公開される, 2003 年設立のテスラ (TSLA. US) と, 米ニューヨーク市場に上場する 1908 年創業のゼネラル・モータース (GM. US) の, 20 世紀と 21 世紀を代表する米国自動車メーカーの株価を用います. この 2 社のベータ値を比較することで, ナスダック市場とニューヨーク市場の投資家が, これらの企業に, どの程度のリスクプレミアムを期待しているのかを比較することが理論実装の目的です. ライブラリは統計分析, 数値演算用のための pandas, NumPy 図表作成のための Matplotlib, 回帰分析のための scikit-learn の 4 種類を読み込みます.

```
import pandas as pd
import numpy as np
from sklearn.linear_model import LinearRegression
#回帰分析用ライブラリ
import matplotlib.pyplot as plt
```

　続いて，テスラ（TSLA. US）とゼネラル・モータース（GM. US）の株価日次データを，あらかじめ保存しておいた URL から取得します．取得する期間は，2012 年年初から 2021 年年末までです．テスラ（TSLA. US）とゼネラル・モータース（GM. US）は，それぞれ取引市場がナスダック市場とニューヨーク市場で異なるため，マーケット・ポートフォリオの代理変数である市場インデックスには，ナスダック総合指数とダウ平均株価をそれぞれ用います．

```
url = "https://github.com/nagamamo/data/blob/main/
3_single_factor_data.csv?raw=true"
data = pd.read_csv(url)
df = data.set_index("Date") #日時をインデックスへ変更
company_list=['Tesla','Nasdaq','GM','DowJones']  #変数名再定義
df.columns = company_list #変数名の変更
df.describe()  #記述統計量の算出
```

　図 3.2（p. 32）に示される通り，ナスダック総合指数もしくはダウ平均株価の変化率の平均値が，式（3.1）に示されるマーケット・ポートフォリオの期待リターン $E(R_M)$ となります．これらの期待リターンから無リスク資産である米国債の利回り R_f を差し引いた値がマーケット・リスクプレミアムです．このマーケット・リスクプレミアムに，ベータ値を乗じた値に R_f を加えた値が，投資家がテスラ（TSLA. US）とゼネラル・モータース（GM. US）に求める期待リターン≒株主資本コストとなります．

　次のソースコードでは，テスラ（TSLA. US）とナスダック総合指数の日次株価変動率を最小二乗法により推計することでテスラ社のベータ値を算出しています．式（3.1）の第 2 項を展開することで，

$$E(R_i) = (1 - \beta_i)R_f + \beta_i E(R_M) \qquad\qquad (3.3)$$

へ整理することができるため，二変数の単回帰分析によりベータ値 β が直接推計可能となります．式 (3.3) がシングルファクター・モデルと呼ばれるのはこのためです．scikit-learn は，データの入出力に NumPy 配列を前提としています．このため，本例の 2〜3 行目では，説明変数と被説明変数を定義すると共に，「.values」によりデータを pandas データフレーム から NumPy 配列（ndarray）へ変換します．

[3]ベータ値の推計：テスラ

```
lr1 = LinearRegression()#最小二乗法推計を定義
X = df[['Nasdaq']].values #説明変数の定義と配列変換
Y = df[['Tesla']].values #被説明変数の定義と配列変換
X1=np.delete(X,0,0)#NumPy 配列の欠損値除去
Y1=np.delete(Y,0,0)#NumPy 配列の欠損値除去
lr1.fit(X1, Y1)#理論値のフィッティング
print('β = %.4f'% lr1.coef_[0])#小数点以下 4 桁で係数値表示
print('intercept = %.4f'% lr1.intercept_)#定数項
print('R_squared = %.4f '% lr1.score(X1,Y1))#決定係数
```

[3] を実行すると次の結果が得られます．

テスラ（TSLA. US）推計結果

β = 1.4375

intercept = 0.3313

R_squared = 0.2614

GM（GM. US）推計結果

β = 1.2683

intercept = -0.0077

R_squared = 0.2561

上記はテスラ（TSLA. US）とゼネラル・モータース（GM. US）のベータ値の推計結果を示しています．[3] ベータ値推計のソースコードにおいて，2，3

行目をゼネラル・モータースとダウ平均株価の要素名に書き換えることで，ゼネラル・モータースのベータ値の推計も可能となります．この推計結果は，1行目の係数値（β）がベータ値，2行目，3行目が，それぞれ切片，決定係数を示しています．決定係数は，

$$R^2 = 1 - \frac{\sum_{i=1}^{N}(Y_i - \hat{Y})^2}{\sum_{i=1}^{N}(Y_i - \bar{Y})^2} \tag{3.4}$$

で示される通り，N個の観測値Y_iとその平均値（$\bar{Y}$）の残差平方和と，観測値Y_iと推計式から予測される理論値（$\hat{Y}$）との残差平方和の比率を表します．

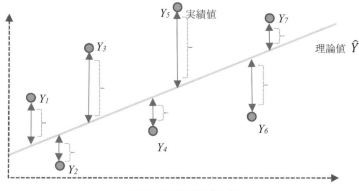

図3.3 決定係数の考え方

推計結果は，この式(3.4)の第2項の値が最小化するときの係数値と切片を示しています．

推計結果は，テスラ（TSLA. US）のベータ値が1.4375，ゼネラル・モータース（GM. US）が1.2683であることを示しています．CAPM理論に基づけば，投資家は，これら2社への株式投資に際し，テスラ（TSLA. US）により大きな株主資本コストを投じる代わりに，より高い期待リターンを求めていることを意味します．なお，本例では係数値がゼロである可能性を棄却できるか否かを確認するためのt検定は行っていません．

[4]では，原データの散布図と推計された理論直線を図示するためのソースコードを示しています．ベータ値の違いに象徴される通り，散布図においても，テスラ（TSLA. US）の株価の変動が，ナスダック市場のマーケット・ポート

フォリオ全体の変動に比べ，より大きいことがわかります．ただし，本例の株価データは，2012年1月以降の日次データを用いています．テスラ（TSLA. US）は2020年決算から営業利益が黒字に転じています．それゆえ，直近のデータのみ用いたベータ値の推計は異なる結果となるでしょう．むしろ2013年から2020年まで営業利益の黒字が続いてきたゼネラル・モータース（GM.US）のベータ値が，ここまで高いことの方が，より重要な情報であるのかもしれません．

＃[4]可視化

```
plt.scatter(X1,Y1,color ='deepskyblue')
#原データのプロット（テスラ, ナスダック）
plt.plot(X1, lr1.predict(X1), linestyle = "dashed",
color = 'deepskyblue')
#理論直線のプロット
plt.scatter(X2, Y2, color = 'orange')
#原データのプロット（GM, ダウ平均）
plt.plot(X2, lr2.predict(X2), color = 'orangered')
#理論直線をプロット
plt.title('Beta: Tesla vs GM')
plt.xlabel('Market Portfolio Return') #横軸ラベル
plt.ylabel('Expected Return') #縦軸ラベル
plt.grid() #グリッド線表示
plt.show()
```

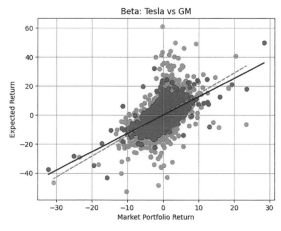

図3.4 テスラ（TSLA.US）とゼネラル・モータース（GM.US）の期待リターン散布図

3.5 証券市場線（SML）の導出

　参考までに，前節で得られた2つのマーケット・ポートフォリオの期待リターンの値を用いて，ナスダック市場，ニューヨーク市場の証券市場線（SML）を導出します．ライブラリは Matplotlib を読み込みます．前節のソースコードを継続して使用する場合は，すでに読み込んでいるため不要です．続いて**[2]証券市場線（SML）の導出**では，無リスク資産利回り，マーケット・ポートフォリオの期待リターンの関数を定義し，それぞれの算出式を 2-3 行目に記述しています．

　[2]では，1行目でSMLの関数を無リスク資産利回り，マーケット・ポートフォリオの期待リターンの順に定義しています．前節[2]株価データ取得において算出した記述統計量の値を，本節[3]1行目と2行目では，この順にデータを与えます．本例では 2012 年から 2022 年の米国 30 年債利回りの期待リターンを外生的に 2.0%と与え，ナスダック，ニューヨーク市場全体のマーケット・ポートフォリオのリターンは，年率 15.4%，10.8%としています．

　この可視化された証券市場線（SML）を見ても，投資家は，新興企業が多いナスダック市場では，ニューヨーク市場よりも大きな株主資本コストを負担することで，より高い期待リターンを求めていることがわかります．

#[1]ライブラリの読み込み

```
import matplotlib.pyplot as plt
```

#[2]証券市場線（SML）の導出

```
def SML(rf,rm,label):
#無リスク資産・マーケット・ポートフォリオ Em の関数定義
    Beta = [x/10 for x in range(20)] #横軸 β を設定
    ExpectedReturns = [rf+(rm-rf)*x for x in Beta]
    #縦軸 Ep を算出
    plt.plot(Beta,ExpectedReturns,label=label)
    plt.xlabel("β")
    plt.ylabel("Expected Returns")
    plt.title("Security Market Line")
    plt.plot(1,rm,"ro")
```

［3］可視化

```
SML(2.0,15.4,"Nasdaq")
SML(2.0,10.8,"NYSE")
plt.legend()
plt.show()
```

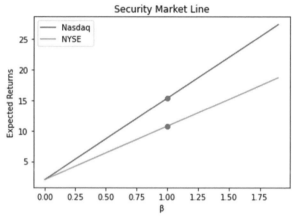

図3.5　ナスダック市場とニューヨーク市場の証券市場線（SML）

【コラム】ファイナンス分析と scikit-learn

　本章のシングルファクター・モデルでは，scikit-learn（sklearn）を用いた最小二乗法による単回帰分析を行っています．scikit-learn は，回帰分析（regression），分類（classification），クラスタリング（clustering），次元削減（主成分分析：dimensionality reduction）の4種類の手法について，それぞれ複数種類カバーしています．ちなみに計量経済学の教科書に収録される二値選択モデルや多値選択モデルなどの質的選択モデルは，回帰分析（regression）ではなく分類（classification）に帰属します．ファイナンス分析で用いる手法は主として回帰分析ですが，企業財務分析や株価変動パターンの分析では，分類，クラスタリング，主成分分析を利用する機会に度々直面するはずです．

　次章のマルチファクター・モデルの推計では，statmodels を用いて重回帰分析を実施しています．最小二乗法を利用する場合は，scikit-learn でも statmodelsでもどちらでも構いません．本章で scikit-learn を選択した目的は，本章で scikit-learn，次章で statmodels を用いることで，双方のファイナンス分析手法の紹介が可能となることがひとつ目の理由です．加えて，上級レベルの読者が，scikit-learn を用いることで，将来的に機械学習を用いるシングルファクター・モデルへの発展が可能となることの紹介が2つ目の目的です．scikit-learn の機械学習による予測シミュレーションの事例は「第9章 外国為替レート決定理論×機械学習」を参照してください．

scikit-learn を使用する場合，まず線形回帰分析（LinearRegression）のライブラリをインポートします．

```
from sklearn.linear_model import LinearRegression
```

リッジ回帰分析やラッソ回帰分析など，説明変数同士が相関している場合や過学習を緩和するために他の手法を採用する場合は，下線部分を変更します．scikit-learn 1.2.1 では18種類の線形回帰手法が実行可能です[6]．ただし，シングルファクター・モデルやマルチファクター・モデルの場合，予測の対象となる個別銘柄のリターンは連続変数です．どのデータ，どの目的において，どの手法を使用するかのフローチャートを示した scikit-learn の「アルゴリズム・チート・シート」では，連続変数を予測対象とする場合の手法は，最小二乗法，リッジ回帰分析，ラッソ回帰分析などに限られています．カテゴリー変数を予測対象とするニューラルネットワークや SVC（Support Vector Classification）は，連続変数の予測では推奨されていません[7]．このチート・シートによれば，CAPM 理論を実装する場合には最小二乗法，リッジ回帰分析，ラッソ回帰分析のいずれかが適切ということになります．

ライブラリをインポート後，推計する実証モデル名を定義します．

```
モデル名 = LinearRegression(fit_intercept=True,normalize=False)
```

() 内は，定数項を含めない場合は fit_intercept=False とします．何も指定しない場合はデフォルトで定数項あり =True，となります．また，データを正規化する場合には normalize=False とします．デフォルトは =False です．説明変数，被説明変数は，

```
X = データフレーム名[['変数名①']].values
Y = データフレーム名[['変数名②']].values
```

とします．pandas データフレームからデータを読み込む場合は，NumPy 配列への変換のため末尾に .values をつけます．重回帰分析の場合は X = [] 内に複数の

---

[6]：https://scikit-learn.org/stable/supervised_learning.html#supervised-learning

[7]：分析に際して，どの分析手法が適しているかの説明は，scikit-learn のオンライン・マニュアルが参考になります．https://scikit-learn.org/stable/tutorial/machine_learning_map/index.html

変数名を［［'**変数名③**','**変数名④**',…］］の要領で付け足します.

　実証データに対する理論モデルのフィッティングは次の指示を記述します.

　　モデル名.fit(X, Y)

　推計結果は,係数値が **モデル名**.coef_[0],定数項が **モデル名**.intercept_ を記述すれば出力されます.また,決定係数は **モデル名**.score(X,Y) により出力します.

　参考までに,モデルのフィッティングに用いる.fit の代わりに.predict を用いると,被説明変数の予測値が算出されます.

　　モデル名.predict()

　() 内には,説明変数のシナリオに基づく予測値を記述します.例えばシングルファクター・モデルであれば,将来の日経平均株価等のマーケット・ポートフォリオのリターンを () 内に入力すると,個別銘柄のリターンの予測値が算出されます.機械学習や最小二乗法以外の手法を用いて予測値を算出することで,個別銘柄のリターンの予測をより正確に行うことが可能となります.

第4章

マルチファクター・モデルへの拡張

4.1 CAPMアノマリー

　前章では，CAPM理論が，個別銘柄とマーケット・ポートフォリオの，2変数の期待リターンとリスクプレミアムの関係であることを説明しました．このモデルはマーケット・ポートフォリオのリターンの変動という「ひとつのファクター」が，個別銘柄のリターンの変動を説明していることから，シングルファクター・モデルとも称されます．換言すれば，国債の確定利回りやマーケット・ポートフォリオを上回るリスクを選択した場合，投資家はどの程度の追加的なリターンを期待するのかを示したのが，このシングルファクター・モデルです．現代ファイナンス理論では，議論の単純化の目的のため，変数を最小限にとどめて，理論的枠組みを構築することが散見されます．それゆえ，実際のマーケットの現場において，このシングルファクター・モデルが，実際の個別銘柄の株価変動を説明できているかという点は，別問題であり，実際，多くのCAPMアノマリーと呼ばれる現象が観察されています．

　ペンシルバニア大学のステフィン・ロス教授（当時）は，1976年の*Journal of Economic Theory*において「裁定価格理論」を提唱しました．この裁定価格理論は，マーケットに上場する全ての銘柄に影響を与える，ある共通要因が，上場する全ての個別銘柄のリターンとリスクプレミアムを決定すると説明しています[*8]．この理論の重要な結論は，市場で取引される銘柄が，市場に上場企業分≒無数に存在することで，「共通要因」と無数の銘柄リターンとの関係が，いずれそれ以上の裁定取引が働かない状況に収束すると考えられている点です．マーケット・ポートフォリオ（市場インデックス）の変動というひとつのみの共通ファクターから，全ての個別銘柄のリスクプレミアムが説明されるCAPM理論では，頻繁にアノマリーと呼ばれる現象が起こります．そして先

[*8]：Ross, Stephen A. (1976), "The Arbitrage Theory of Capital Asset Pricing", *Journal of Economic Theory*, Vol. 13, pp. 341–360.

行研究は，この CAPM アノマリーが生じる理由として，小型株効果，バリュー株効果，モメンタム効果などの存在を指摘しています．このアノマリーを説明する変数をシングルファクター・モデルに加えることで，個別銘柄のリターンの説明力が高まることが，これまでの研究では確認されています．マルチファクター・モデルが近年のマーケットの現場で利用されることが多いのはこのためです．そしてマルチファクター・モデルのうち，3つのファクターが採用されたモデルが3ファクター・モデル，5つの場合が5ファクター・モデルと称されます．

小型株効果は，ノースウェスタン大学のロルフ・バンズ教授が，1981年の論文で報告したアノマリーのひとつです[*9]．具体的には，時価総額が小さい銘柄ほど，リターンの変動が高まりやすい状況が生まれやすく，シングルファクター・モデルではベータ値が高まりやすくなります．特にこの現象は，米国市場で頻繁に観察されることがよく知られています．また，シカゴ大学のユージン・ファーマ教授とダートマス大学のケネス・フレンチ教授は1993年の論文において，アノマリーのもうひとつの原因としてバリュー株効果の存在を指摘しています．バリュー株効果は，株価純資産倍率（PBR）が低い銘柄ほど，PBR が高い銘柄よりも，株価上昇率が高まりやすい状況を意味します．PBR の定義は株価を一株当たり純資産（簿価）で除した値であり，簿価時価比率はその逆数になります．この比率が高い，すなわち簿価の純資産が株価に比べ相対的に高い銘柄ほど，その後のリターンがより高まるというのがバリュー株効果が発生する理由です．これら以外にも，株価が上昇基調を続ける銘柄，下落基調が続く銘柄には，そのトレンドが持続するというモメンタム効果，そして上昇が続いた株価は下落に転じる確率が高まるとするリターン・リバーサル効果など，小型株効果やバリュー株効果以外にも様々なアノマリーに関する研究が報告されています．

4.2 マルチファクター・モデル

マルチファクター・モデルは，市場に存在する全ての株式に影響を与える複数の（＝マルチな）共通要因が，個々の銘柄のリターンを決定するという考え

[*9]：Banz, Rolf W. (1981), "The Relationship between Return and Market Value of Common Stocks," *Journal of Financial Economics*, Vol. 9, pp. 3-18.

方です．このいわゆる「マルチファクター」は，すべての上場企業の株価の変動に影響しますが，銘柄によりそれぞれのファクターがもたらす影響度，インパクトの大きさが異なります．各ファクターが変動した際，各銘柄の株価も変動しますが，各ファクターの変動により引き起こされた個別銘柄の株価変動は，いずれそれ以上は変動しない状況までに，全て裁定されると考えられています．このマルチファクター・モデルは，一般的には次の式（4.1）により表されます．

$$E[R_i] - R_f = \sum_{j=1}^{N} \beta_{i,j} f_j + \mu_i \qquad (4.1)$$

式（4.1）は $E[R_i]$ が銘柄 i の期待リターン，R_f は無リスク資産の利回り，f_j は市場における j 種類の共通ファクター，$\beta_{i,j}$ は個別銘柄 i のファクターf_j に対する感応度です．CAPM 理論は，この f_j にマーケット・ポートフォリオの変動という一変数のみを採用する特殊なケースといえます．一般的なマルチファクター・モデルは，各種マクロ経済変数や産業構造の代理変数など，市場で共通の複数の変数を用いることを想定しています．ただし，裁定価格理論を提唱した1976年ロス論文では，このファクター変数に何を用いるのかまでは，提示されていません．この変数選択に関する研究と議論が最近まで，積み重ねられてきたのはこのためです．

ステファン・ロス教授によるシングルファクター・モデル批判は，全ての市場参加者が平均分散アプローチに沿うリスク選好度を有するという前提に向けられています．投資家により，短期的なリターンを求める投資家もいれば，長

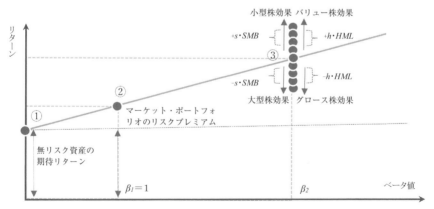

図 4.1 証券市場線（SML）と小型株効果・バリュー株効果

期的な投資が許される投資家もいます．それゆえ，それぞれの投資家の証券投
資におけるリスク選好度は異なるはずであり，これが画一的であるという前提
を置くことをロス教授は批判しています．同時に同教授は，複数の分散化され
たファクターが個別銘柄のリターンを決定することも主張しています．また，
1977年のカリフォルニア州立大学リチャード・ロール教授によるシングル
ファクター・モデルの批判は，CAPM理論が想定するマーケット・ポートフォ
リオに目を向けています．投資家が保有する金融資産には株式以外の金融資産
も存在し，これらもリターンを生み出しています．それゆえロール教授は，個
別銘柄のベータ値を計測するに際し，マーケット・ポートフォリオに加え，投
資家が投資可能である全ての金融資産にその対象範囲を広げるべきだと主張し
ています．

4.3 ファーマ＝フレンチの3ファクター・モデル

　ファーマ＝フレンチの3ファクター・モデルは，CAPM理論から裁定価格
理論へ，現代ファイナンス理論の発展が進む過程で開発された実証モデルです．
ユージン・ファーマ教授とケネス・フレンチ教授は，1992年，1995年，1996
年に*Journal of Finance*，1993年に*Journal of Financial Economics*において，
それぞれこの理論の礎となる研究成果を発表しています．彼らは上記の論文に
おいて，小型株効果，バリュー株効果の存在を実証的に示した上で，複数のファ
クターから構成されるマルチファクター・モデルが株価の予測において有効で
あると結論付けています．もともとユージン・ファーマ教授は，金融資本市場
ではあらゆる情報を反映した上で市場価格が形成される，という「効率的市場
仮説」の提唱者です．この考え方をもとに，ファーマ教授とケネス・フレンチ
教授が，実務的な観点から，個別銘柄の期待リターンをより正確に予測するた
めに生みだした成果が，ファーマ＝フレンチの3ファクター・モデルです．
　ファーマ＝フレンチの3ファクター・モデルは，次式により表されます．

$$R_{it} - R_{ft} = a_i^1 + b_i^1(R_{Mt} - R_{ft}) + s_i^1 SMB_t + h_i^1 HML_t + e_{it}^1 \qquad (4.2)$$

　式（4.2）はR_{it}が個別銘柄またはポートフォリオiのリターン，R_{ft}は無リ
スク資産の利回り，R_{Mt}が加重平均化されたマーケット・ポートフォリオのリ
ターン，b_i^1はその感応度を示します．SMB_tはマーケットに共通する小型株効
果，HML_tは同様に各銘柄に共通して影響を与えるバリュー株効果，s_i^1，h_i^1は

それぞれのアノマリーの代理変数の個別銘柄 i のリターンに対する感応度です．このモデルでは，まずマーケットに上場する全銘柄を時価総額が大きい銘柄（50％）と小さい銘柄（50％）の2グループへ，そして一株当たり純資産と株価の簿価時価比率が高い銘柄（30％），低い銘柄（30％），その中間の銘柄（40％），の3グループへ，計6グループに分割します．そして，小型株効果の代理変数である SMB は，時価総額が小さい方の簿価時価比率の3グループ❶❷❸の平均リターンから，時価総額が大きなグループの簿価時価比率3グループ①②③の平均リターンを差し引いて算出されます．バリュー株効果の代理変数である HML は，簿価時価比率の高い時価総額2グループ①❶の平均リターンから簿価時価比率の低い時価総額2グループ③❸の平均リターンを差し引いて計算されています（図4.2）．

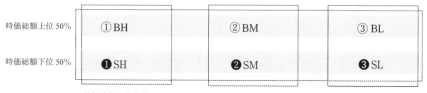

時価総額上位 50%	① BH	② BM	③ BL
時価総額下位 50%	❶ SH	❷ SM	❸ SL
	簿価時価比率上位 30%	簿価時価比率中位 40%	簿価時価比率下位 30%

$SMB = (❶ + ❷ + ❸)/3 - (① + ② + ③)/3$

$HML = (❶ + ①)/2 - (❸ + ③)/2$

資料：Fama and French（1993）より筆者作成．

図4.2 3ファクター・モデルの小型株効果・バリュー効果算出手順

このファーマ＝フレンチの3ファクター・モデルの説明変数には，シングルファクター・モデルに用いられる $R_{Mt}-R_{ft}$ も含まれます．式（4.2）において，b_i^1 がプラスの値であれば，それは，小型株効果，バリュー株効果をコントロール後，個別銘柄のリターンが，マーケット・ポートフォリオのリターンと正の関係を持つことを意味します．そして小型株効果の代理変数 SMB の係数値 s_i^1 が有意な正の値であれば，この銘柄に小型株効果が存在することになります．すなわち，時価総額が小さな銘柄ほど，近い将来の企業業績の拡大や新製品の開発などにより，時価総額が大きな銘柄に比べ，株価の上昇の余地が大きいという状況が存在することになります．加えて，バリュー株効果の代理変数 HML の係数値 h_i^1 が有意な正の値であれば，この銘柄にバリュー株効果が存

在することになります．つまり，簿価での一株当たり純資産に比べ株価が割安（割高）に評価されている銘柄は，そうではない銘柄に比べて上昇（下落）圧力を受けやすいということになります．またバリュー株効果は，決算発表が実施された直後に株価がそれに反応し，簿価時価比率が低下することで発生しやすいとも言われています．過去の事業パフォーマンスである決算データと，将来の事業パフォーマンスの見通しは往々にして異なります．このため，バリュー株効果の原因は，簿価時価比率に株価の変動（将来価値の見通し）が変化をもたらすことで，この影響が個別銘柄の期待リターンへ及ぶためと考えられています．

1996 年のファーマ＝フレンチ論文では，1963 年 7 月から 1993 年 12 月の月次データを用いて，個別銘柄（R_i-R_f）のリターンに対する，市場ポートフォリオ（R_M-R_f）のリターン，小型株効果（SMB），バリュー株効果（HML）の感応度の計測結果を報告しています（表 4.1）．この論文では，時価総額の規模，

表 4.1　フレンチ＝ファーマ論文（1996 年）の 3 ファクター・モデルの試算結果

係数値 b：市場ポートフォリオ（R_M-R_F）の銘柄 i（R_i-R_F）への感応度					
		低	2	3	4	高
時価総額 5 分位	小	1.03	1.01	0.94	0.89	0.94
	2	1.10	1.04	0.99	0.97	1.08
	3	1.10	1.02	0.98	0.97	1.07
	4	1.07	1.07	1.05	1.03	1.18
	大	0.96	1.02	0.98	0.99	1.07

係数値 s：小型株効果（SMB）の銘柄 i（R_i-R_F）への感応度					
		低	2	3	4	高
時価総額 5 分位	小	1.47	1.27	1.18	1.17	1.23
	2	1.01	0.97	0.88	0.73	0.90
	3	0.75	0.63	0.59	0.47	0.64
	4	0.36	0.30	0.29	0.22	0.41
	大	-0.16	-0.13	-0.25	-0.16	-0.03

係数値 h：バリュー株効果（HML）の銘柄 i（R_i-R_F）への感応度					
		低	2	3	4	高
時価総額 5 分位	小	-0.27	0.10	0.25	0.37	0.63
	2	-0.49	0.00	0.26	0.46	0.69
	3	-0.39	0.03	0.32	0.49	0.68
	4	-0.44	0.03	0.31	0.54	0.72
	大	-0.47	0.00	0.20	0.56	0.82

資料：Fama and French（1996）より

注 1：推計期間は 1963 年 7 月〜1993 年 12 月，無リスク資産には米国 1 年債利回りを採用．

注 2：Fama and French（1996）では，1963 年の 7 月末時点でマーケットに上場する全銘柄を時価総額が大きい銘柄（50％）と小さい銘柄（50％）の 2 グループ，そして一株当たり純資産と株価の簿価時価比率を高い銘柄（30％），低い銘柄（30％），その中間の銘柄（40％），の 3 グループの，計 6 グループに分割した標本を作成している．表 4.1 は，これらの変数を用い，簿価時価比率×時価総額の 25 種類のポートフォリオ別に式（4.2）の推計を行った結果である．

簿価時価比率の高低の違いにより，それぞれの個別銘柄のリターンへの感応度が異なることが報告されています．表 4.1 は，1996 年のファーマ＝フレンチ論文で示された，簿価時価比率と時価総額 5 分位別ポートフォリオの小型株効果（SMB），バリュー株効果（HML）の感応度についての推計結果を示しています．推計結果を見る限り，これら 25 種類のポートフォリオは，概ね小型株効果，バリュー株効果の存在を示していると言えるでしょう．

4.4　カーハルトの 4 ファクター・モデル

ファーマ＝フレンチの 3 ファクター・モデルに改良を加え，1997 年に南カリフォルニア大学のカーハルト教授が発表したモデルが，「カーハルトの 4 ファクター・モデル」です[10]．カーハルト教授の 4 ファクター・モデルは，マーケット・ポートフォリオに小型株効果（SMB），バリュー株効果（HML）を加えた 3 ファクターモデルに，さらに（月次）モメンタム効果（MOM）を説明する変数を加えた，4 つの説明変数を採用しています．モメンタム効果とは，過去にリターンが高かった（低かった）銘柄は，将来もその基調が持続する値動きを持つ特徴を意味します．

エモリー大学のナラシムハン・ジェダディーシュ教授とテキサス州立大学のシェリダン・ティトマン教授は，1993 年に発表した論文において，過去に株価のパフォーマンスが良好であった株式は，その後もそのトレンドが続く傾向を持つとの実証結果を報告しています．具体的には，この研究はまず過去一定期間にリターンが高かった上位 10% の銘柄を 1 単位購入し，同じ期間のリターン下位 10% を同じ金額分空売りします．そして，このポートフォリオを半年から 1 年間保有した場合，プラスのリターンが生じるか否かを確認します．この研究の実証結果では，このポートフォリオは統計的に有意にプラスのリターンを生み出していることが報告されています[11]．これらの先行研究を受け，1997 年にカーハルト教授が提示したのが，3 ファクター・モデルに新たにモメンタム効果を加えた式（4.3）の 4 ファクター・モデルです．

＊10：Carhart, Mark M. (1997), "On Persistence in Mutual Fund Performance", *The Journal of Finance*, Vol. 52, pp. 57-82.

＊11：Jegadeesh, Narasimhan and Sheridan Titman (1993), "Returns to Buying Winners and Selling Losers : Implications for Stock Market Efficiency," *The Journal of Finance*, Vol. 48, pp. 65-91.

$$R_{it} - R_{ft} = a_i^2 + b_i^2(R_{Mt} - R_{Ft}) + s_i^2 SMB_t + h_i^2 HML_t + m_i MOM_t + e_{it}^2 \quad (4.3)$$

カーハルト教授のモメンタム効果の算出では，過去12カ月前から1か月前までの間に，株価のパフォーマンスが高かった上位30％とパフォーマンスが低かった下位30％の銘柄からポートフォリオを構成しています．そしてこの上位30％の株式の平均リターンと，下位30％の株式を空売りした平均リターンの差分が用いられています．

4.5 ファーマ＝フレンチの5ファクター・モデル

2015年にファーマ教授とフレンチ教授が再び発表した5ファクター・モデルは，自身らの3ファクター・モデルに新たに2変数を加えたモデルです．このモデルはカーハルト教授が採用した月次モメンタム効果の代理変数は用いず，小型株効果とバリュー株効果の変数に加え，収益性と投資の規模に関する変数が採用されています．

$$R_{it} - R_{ft} = a_i^3 + b_i^3(R_{Mt} - R_{ft}) + s_i^3 SMB_t + h_i^3 HML_t + r_i RMW_t + c_i CMA_t + e_{it}^3$$
$$(4.4)$$

式（4.4）は，RMW が上場する全ての銘柄に共通する収益性効果，CMA は同様に全銘柄に共通して影響を与える投資効果を意味します．r_i, c_i はそれぞれのファクターの個別銘柄 i のリターンに対する感応度です．1996年のファーマ＝フレンチ論文における3ファクター・モデルでは，全銘柄を時価総額2グループ，簿価時価比率3グループに分割し，計6グループのポートフォリオの平均リターンを算出して，それぞれ SMB, HML を算出しています．2015年のファーマ＝フレンチ論文の5ファクター・モデルでは，1996年のファーマ＝フレンチ論文と同様に，時価総額2グループ，バリュー株効果，収益性効果，投資効果それぞれ3グループずつの組合せを作成しています．そして，各々のグループごとに平均リターンの差分を算出し，式（4.4）を推計した結果，RMW と CMA の期待リターンへの影響が，実証的に支持されています．

4.6 ファーマ＝フレンチ・3ファクター・モデルの実装

本節で紹介するソースコードは GitHub リポジトリの以下のファイルにて閲覧可能です．異なる銘柄，標本期間を用いて実装を行う場合はこちらを使用してください．

```
4_multi_factor_model.ipynb
```

本節では，第3章で示したシングルファクター・モデルを拡張し，小型株効果とバリュー株効果の変数を加えたファーマ＝フレンチの3ファクター・モデルを実装例として説明します．本節の事例は，前章との比較の観点から，同様にテスラ（TSLA.US）と，ゼネラル・モータース（GM.US）の株価を用います．この2社のベータ値をシングルファクター・モデル（4.3節）とマルチファクター・モデル（4.4節）との間で比較することで，その違いを確認することが，本実装の目的です．加えて，本実装では併せて，米国株市場における小型株効果，バリュー株効果などのアノマリーも，これら2社間で比較します．本例では，テスラ（TSLA.US）と，ゼネラル・モータース（GM.US）の株価に加え，外部ライブラリから利用可能なファーマ＝フレンチ・ベンチマーク・データを用います．

＃[O]パッケージのインストール

```
pip install getFamaFrenchFactors
```

本例では，数値分析のための pandas，2社の株価の標本期間を正確に定義するための datetime，回帰分析のための statmodels，ファーマ＝フレンチ・ベンチマーク・データを取得するための getFamaFrenchFactors，の4種類のライブラリを読み込みます．本章では，回帰分析は scikit-klearn ではなく statsmodels を用います．

```
import pandas as pd
import datetime
import statsmodels.api as sm
import getFamaFrenchFactors as gff
#マルチファクター・データ取得ライブラリ
```

　2銘柄の株価データは，テスラ（TSLA. US）と，ゼネラル・モータース（GM. US）のデータを，前章と同じ標本期間である2012年年初から2022年末までの月次データを取得し，データフレーム名をdfとします．

```
url = "https://github.com/nagamamo/data/blob/main/
4_multi_factor_data.csv?raw=true"
data = pd.read_csv(url)
data["Date"] = pd.to_datetime(data["Date"])
df = data.set_index("Date")
company_list=['Tesla','GM']
df.columns = company_list
```

　次にすでにインポートしたライブラリgetFamaFrenchFactorsから，ファーマ＝フレンチ・ベンチマーク・データを取得します．具体的には，マーケット・ポートフォリオのリターンから無リスク資産利回りを差し引いた変数（*Mkt-RF*），小型株効果の代理変数（*SMB*），バリュー株効果の代理変数（*HML*）の3種類のデータを取得します．このデータは1926年7月から2022年12月までのデータです．

　2銘柄の株価データと3種類のファーマ＝フレンチ・ベンチマーク・データをmergeにより統合するため，後者のデータの日時の変数名を一度リセットして，'date_ff_factors'から'Date'へ変更します．データフレーム名dfと名付けられたデータセットのうち，本分析では調整後終値の月次データを用います．この理由は，getFamaFrenchFactorsから取得する3種類のファーマ＝フレンチ・ベンチマーク・データが月次データであるためです．dfのデータを前月比に換算し，欠損値を除去し，新たなデータフレーム名をReturnsとします．

その後，2つのデータセットの共通変数'Date' を用いて統合し，データフレーム名を Fama_French_data と名付けます．

#[3]規模効果・バリュー効果データの取得

```
Fama_French_3=gff.famaFrench3Factor(frequency='m')
#月次データの取得
Fama_French_3.rename(columns={"date_ff_factors":'Date'},i
nplace=True)
Fama_French_3.set_index('Date',inplace=True)
Returns=df.resample('M').last().pct_change().dropna()
#月次データへの変換
Fama_French_data=Fama_French_3.merge(Returns,on='Date')
#企業データと規模効果・バリュー効果データの統合
```

整理されたデータセットを用い，以下では，最小二乗法によりテスラ（TSLA.US）と，ゼネラル・モータース（GM.US）の3ファクター・モデルを推計します．説明変数 X はマーケット・ポートフォリオ・リターン（*Mkt-RF*），小型株効果の代理変数（*SMB*），バリュー株効果の代理変数（*HML*）の3種類を採用します．被説明変数にはテスラ（TSLA.US），ゼネラル・モーターズ（GM.US）それぞれのリターンから無リスク資産利回りを引いた値を用います．

#[4]テスラ（TSLA.US）の3ファクター・モデル推計

```
X=Fama_French_data[['Mkt-RF','SMB','HML']]
#重回帰分析の説明変数定義
y=Fama_French_data['Tesla']-Fama_French_data['RF']
#被説明変数定義
X=sm.add_constant(X)  #定数項定義
Fama_French_Model1=sm.OLS(y,X).fit()#最小二乗によるフィッティング
print(Fama_French_Model1.summary().tables[1])
print('AdjR2: %.4f'% Fama_French_Model1.rsquared_adj)
```

#[5]GM（GM.US）の3ファクター・モデル推計

```
X=Fama_French_data[['Mkt-RF','SMB','HML']]
z=Fama_French_data['GM']-Fama_French_data['RF']
```

```
X=sm.add_constant(X)
Fama_French_Model2=sm.OLS(z,X).fit()
print(Fama_French_Model2.summary())
```

　55頁の表4.2，表4.3の推計結果の見方は次の通りです．まず"coef"の数値が係数値です．この実証モデルは3ファクター・モデルですので，これらの係数値は式（4.2）の b_i, s_i, h_i に該当します．そのひとつ右横に標準誤差が記述されています．標準誤差は標準偏差を標本数の平方根で除した値です．その右の"t"がt値であり，b_i, s_i, h_i の係数値がゼロであることが棄却することができるかを判断する統計量です．例えば係数値 b_i の t 値は，

$$t_b = \hat{b}/\hat{\sigma}_{\hat{b}} \tag{4.5}$$

により算出されます．ここで $\hat{b}$ は係数値 b_i の最小2乗推定値，$\hat{\sigma}_{\hat{b}}$ は b_i の標準誤差です．ちなみにこの標準誤差 $\hat{\sigma}_{\hat{b}}$ は，式（4.2）の $R_{Mt}-R_{ft}$ を便宜上 x_t とすると，

$$\hat{\sigma}_{\hat{b}} = \sqrt{1/\sum_{t=1}^{n}(x_t-\overline{x}_t)^{\hat{\sigma}_u}} \tag{4.6}$$

です．n は標本数，u は誤差項です．t 値は標本数 n により異なり，例えば図4.3で t 値①～②，t 値③～④内の値であれば，$R_{Mt}-R_{ft}$ が個別銘柄のリターン R_{it} に影響を与えないという帰無仮説が少なくとも有意水準5%で棄却されます．この結果，係数値 b_i は統計的に有意であると判断されます．t 値④よりも大きい，t 値①よりも小さい場合は，1%で帰無仮説が棄却されます．

　55頁の表4.2，表4.3の"t"の右の $P>|t|$ が p 値であり，これは t 値の統計

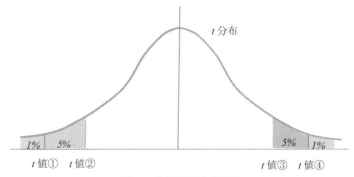

図4.3 検定統計量と棄却域

量が，実現される確率を示す値です．ちなみに p 値が 0.05 未満であれば 5% 有意，0.01 未満であれば 1% 有意，すなわち 95% の確率，99% の確率で係数値がゼロであることが棄却される，と解釈します．表 4.2，表 4.3 の表の左下にそれぞれ記述されている AdjR2 は自由度調整済み決定係数です．決定係数の算出方法は，第 3 章 3.4 節式（3.4）（p.36）で説明した通りです．自由度調整済み決定係数は，この計算式の分母・分子を，標本数と採用変数の数で調整した値です．

　表 4.2～4.3 の推計結果には次の 2 つの含意があります．ひとつ目は，これら 2 社における小型株効果とバリュー株効果の存在です．少なくとも小型株効果に関しては，表 4.3 の GM の推計結果は SMB の係数値が正の有意な値となっており，小型株効果の存在が支持される結果を示しています．バリュー株効果は，HML の係数値の符号がテスラでは負，GM では正の有意な値を示しています．すなわち，テスラ（TSLA. US）は，典型的なグロース株効果，要するに市場の成長期待から，簿価（資本）よりも時価（資本）が過大に評価されてきた特徴を有していると解釈することができます．2 銘柄の $Mkt\text{-}RF$ の係数値を見る限り，3 ファクター・モデルにおいても，投資家はテスラ（TSLA. US）に，より高い期待リターンを求めているとの結果が得られています．

　前章で示したシングルファクター・モデルとの推計結果の違いについては，前章の推計が日次データ，本章の推計が月次データを用いた推計であることを留意する必要があります．それを踏まえた上で比較すると，3 ファクター・モデルではテスラ（TSLA. US）の $Mkt\text{-}RF$ の係数値が 1.7624 と，シングルファクター・モデルの 1.4375 を大きく上回っています．逆にゼネラル・モーターズ（GM. US）では 3 ファクター・モデルでは 1.1600 と，マーケット・ポートフォリオのリターンとほぼ連動しているのに対し，シングル・ファクターモデルでは 1.2683 と過大評価されていることがわかります．このように 2 つの銘柄間ではマーケット・ポートフォリオのリターンとの関係において，そのインパクトの相対的な大小は変わりませんが，アノマリーを是正した後の $Mkt\text{-}RF$ の係数値は，是正前に比べ大きく異なります．これがマーケットの現場で，シングルファクター・モデルよりもマルチファクター・モデルが重宝される理由です．

　それぞれのアノマリーを見ていくと，テスラ（TSLA. US）は，小型株効果

（*SML*）の係数値が統計的に非有意です．それゆえ時価総額の規模がリターンの変動に影響は与えていません．他方，バリュー株効果（*HML*）の係数値は，負の有意な値を示しています．これは，電気自動車（EV）の普及が今後も進むとの観測からもたらされる典型的なグロース株効果の存在を示しています．

ゼネラル・モーターズ（GM. US）は，小型株効果（*SML*），バリュー株効果（*HML*）の係数値はともに正の有意な値を示しています．小型株効果（*SML*）の係数値が正であるということは，時価総額が相対的に小さいためか，今後にリターン上昇の余地がある可能性を示唆しています．その一方で，この銘柄はバリュー株効果（*HML*）の係数値が正の値を示しています．このことは，株価が割安に評価され，将来的にリターン上昇の可能性がある，と資本市場から見なされていることを示唆しています．

表 4.2 テスラ（TSLA. US）の 3 ファクター・モデル推計結果

```
===============================================================================
                coef      std err       t       P>|t|      [0.025     0.975]
-------------------------------------------------------------------------------
const         0.0317      0.015      2.123      0.036      0.002      0.061
Mkt-RF        1.7624      0.350      5.031      0.000      1.069      2.456
SMB           0.4014      0.606      0.663      0.509     -0.797      1.600
HML          -0.9994      0.424     -2.355      0.020     -1.839     -0.160
===============================================================================
AdjR2: 0.1934
```

表 4.3 GM（GM. US）の 3 ファクター・モデル推計結果

```
===============================================================================
                coef      std err       t       P>|t|      [0.025     0.975]
-------------------------------------------------------------------------------
const        -0.0026      0.006     -0.470      0.639     -0.014      0.008
Mkt-RF        1.1599      0.131      8.833      0.000      0.900      1.420
SMB           0.7755      0.227      3.415      0.001      0.326      1.225
HML           0.7101      0.159      4.464      0.000      0.395      1.025
===============================================================================
AdjR2: 0.5142
```

【コラム】ファイナンス分析と statmodels

statmodels は様々な統計分析を行うために開発された Python モジュールのひとつです．機械学習や多変量解析手法を重点的に網羅する scikit-learn 同様，statmodels も幅広い手法をカバーしています．statmodels が scikit-learn と異なる点は，時

系列分析手法を数多く網羅していることです．特に，ファイナンス分析では，市場価格データの分析は，ほとんどの場合，時系列データを扱うこととなりますので，statmodels の使用頻度は必然的に高まります．第 9 章のドル円レートの単位根検定でもこの statmodels を用います．

statmodels 0.13.0 では，線形モデル 10 種類，9 種類の時系列モデル，7 種類の多変量時系列モデルの手法が収録されています．これ以外にも，代入法 4 種類，一般化線形モデル 4 種類，一般化推定方程式 3 種類，質的選択モデル 11 種類，多変量解析 3 種類の手法を利用することが可能です．

表 4.4 statmodels と scikit-learn の線形回帰モデルの主な分析手法

statmodels 0.13.0	scikit-learn 1.2.1
線形モデル	回帰分析
最小二乗法	最小二乗法
加重最小二乗法	リッジ回帰分析
一般化最小二乗法	ラッソ回帰分析
自己相関誤差 AR の一般化最小二乗法	マルチタスク・ラッソ回帰分析
一般化線形モデル	エラスティックネット正則化回帰
一般化推定方程式	マルチタスク・エラスティックネット
一般化加法モデル	最小角度回帰分析
ロバスト回帰モデル	LARS アルゴリズム・ラッソ
線形混合モデル	直交マッチング追跡アルゴリズム
離散目的変数の回帰分析	ベイジアン回帰分析
一般化線形混合モデル	ロジスティック回帰分析
分散分析	一般化線形モデル
他	確率的勾配降下法
	パーセプトロン・モデル
時系列モデル	Passive-Aggressive アルゴリズム
状態空間モデル	ロバスト回帰モデル
ベクトル自己回帰モデル	分位点回帰分析
他	多項式回帰分析
	他
生存時間分析	
一般化モーメント法	分類
他	クラスタリング
	次元削減　他

statmodels を使用する場合も，Google Colab を使用する場合はインストールが不要です．まずライブラリをインポートします．

```
import statsmodels.api as sm
```

次に説明変数と被説明変数を定義します．ここでは説明変数が 3 つの重回帰分

析を想定しています. 本文中では説明変数名は X, 被説明変数名を Y としています.

```
X = データフレーム名 [['変数①','変数②','変数③']]
Y = データフレーム名 ['変数④']
X = sm.add_constant(X)
モデル名=sm.OLS(Y,X).fit()
print(モデル名.summary().tables[1])
```

定数項を含む場合はその旨を 3 行目で指定し, 4 行目で理論モデルのフィッティングを指示します. ここでは最小二乗法による推計を行います. 推計結果と自由度調整済み決定係数は 5 行目を記述することで出力されます.

なお, 本章の実装例では, 推計結果を出力する際, .tables[1] を記述することで, 結果概要のみを出力しています. これを省略すれば, t 値, p 値, 信頼区間, 決定係数以外に表 4.5 の詳しい推計結果が出力されます. ①の F 値（F-statistic）は, 複数の係数値の有意性を一括して検定することで, 回帰式が全体として有意かどうかを確認する検定量です. その p 値が 1 行下に記述されています. 具体的には,

$$F = \frac{(SSE_0 - SSE_1)/k}{SSE_1/(n-p-1)} \tag{4.7}$$

SSE_0：推計する回帰方程式の全ての係数が 0 の場合の最小二乗残差平方和
SSE_1：全ての係数が 0 ではなく, これらの変数を用いた場合の最小二乗残差平方和
k：検定する説明変数の数, n：データ数, p：説明変数の数

により算出する F 検定量を用いて検定し, 1 行下の p 値で有意性を確認します.

また②の AIC（赤池の情報量基準）, および③の BIC（ベイジアン情報量基準）は, 選択された説明変数から構成されるモデルの当てはまりの程度を示す統計量です. AIC と BIC はいずれも値が小さいほど実証モデルの当てはまりが良いことになります. AIC と BIC の違いは, 後者は標本数がより強く統計量に影響する点です. ④のダービン・ワトソン比は, 最小二乗法の前提となる誤差項の系列相関の有無を確認するための統計量です. これは, 時点の異なる誤差項は互いに無相関であることが最小二乗法を使用するときの必要条件になるために, 確認を必要とします. 具体的には,

$$d = \frac{\sum_{t=2}^{n} (\hat{u}_t - \hat{u}_{t-1})^2}{\sum_{t=2}^{n} (\hat{u}_t)^2} \tag{4.8}$$

により算出されます. なおここで, $\hat{u}_t$ は推計式の残差を意味します. 式（4.8）の d は, $\hat{\rho}$ を $\hat{u}_t$ と $\hat{u}_{t-1}$ の相関係数とすると, $2 \times (1 - \hat{\rho})$ にほぼ等しいことが知られています. このため, d が 2 に近い値の場合は, 誤差項に系列相関はなく, 2 より

表 4.5　statmodels による回帰分析の出力結果

```
                     OLS Regression Results
==============================================================================
Dep. Variable:                      y   R-squared:                       0.531
Model:                            OLS   Adj. R-squared:                  0.520
Method:                 Least Squares   F-statistic:                     47.96   ①
Date:                Sun, 05 Feb 2023   Prob (F-statistic):           8.53e-21
Time:                        02:31:07   Log-Likelihood:                 180.51
No. Observations:                 131   AIC:                            -353.0   ②
Df Residuals:                     127   BIC:                            -341.5
Df Model:                           3                                           ③
Covariance Type:            nonrobust
==============================================================================
                 coef    std err          t      P>|t|      [0.025      0.975]
------------------------------------------------------------------------------
const         -0.0037      0.006     -0.665      0.507      -0.015       0.007
Mkt-RF         1.1919      0.131      9.129      0.000       0.934       1.450
SMB            0.7679      0.228      3.362      0.001       0.316       1.220
HML            0.6995      0.160      4.375      0.000       0.383       1.016
==============================================================================
Omnibus:                        3.398   Durbin-Watson:                   2.112   ④
Prob(Omnibus):                  0.183   Jarque-Bera (JB):                2.956   ⑤
Skew:                           0.254   Prob(JB):                        0.228
Kurtosis:                       3.533   Cond. No.                         42.9
==============================================================================
```

小さい場合は正の系列相関，2より大きい場合は負の系列相関が存在すると解釈します．

　⑤のジャック＝ベラ検定は，回帰分析において前提とする正規分布にしたがう尖度と歪度であるか否かを確認するための検定です．

第5章
株価の予測——モンテカルロ法と時系列モデル

5.1 株価の予測手法——モンテカルロ法と時系列モデル

　第2章から第4章では，株価のリターンとリスクとの関係を用い，複数資産の構成比率の最適化，および個別銘柄の期待リターンと株主資本コストの関係を説明しました．本章では，それらの前提となる将来の株価や資産価格の予測を行う手法を紹介します．市場参加者のほとんどは，過去に発生したマーケットでの現象や変動のメカニズムよりも，将来の価格やその起こりうる変動幅を重視します．なぜなら，これらの市場参加者の運用パフォーマンスが，言うまでもなく，将来の金融資産価格の水準と変動幅に依存するためです．

　つまり，その価格変動メカニズムの理論が正しいか否かよりも，理論的には説明できなくとも，価格変動幅が正確に予測できるだけで市場関係者の業績評価は高まります．実務的な応用に重きを置く現代ファイナンス理論は，こうした将来の価格の変動幅とその水準を予測するという命題にも取り組んできました．本章では，株価の予測手法として，モンテカルロ法と時系列モデルを取り上げ，その理論的枠組みと実装手順を示します．実務の現場では，資産価格の点推定値の予測よりも，その価格がどこからどこまで，どの程度の確率で分布するのか，ということに重点が置かれることが多いかもしれません．モンテカルロ法は，この将来の予測値の分布を推計する手法として，多くの資産価格の予測に応用されています．

　また，時系列モデルには，多くの手法が存在します．時系列モデルの使用目的は，将来の価格の分布ではなく，予測値の点推定値そのものを求めることにあります．複数の時系列モデルのうち，どのモデルを選択するかについては，予測値が実現した後に，その実績値と予測値の違いを，将来の予測値の推計に反映させることで，予測誤差を最小化する手法を選択する手順が定着しつつあります．時系列モデルによる株価の予測については，本章では，Prophet による一般化加法モデル（GAM）を取り上げ，日経平均株価の予測手順を紹介し

ます.

5.2 ブラック＝ショールズ・モデル

ブラック＝ショールズ・モデルとブラック＝ショールズ方程式はたびたび混同されます．モンテカルロ法での株価予測に用いる実証モデルは，多くの場合，前者のブラック＝ショールズ・モデルの前提に用いられる確率微分方程式です．ブラック＝ショールズ・モデルでは，株価と債券価格の価格変化を確率微分方程式および微分方程式により表現します．本章のモンテカルロ法による株価予測では，式 (5.1) を用いて，将来の株価の分布を演算します．他方，ブラック＝ショールズ方程式は，このブラック＝ショールズ・モデルを用い，満期時点における行使価格のオプション・プレミアムを算出するための数式です．これについては次章で説明します．

これらのブラック＝ショールズ・モデル，ブラック＝ショールズ方程式は，シカゴ大学の故フィッシャー・ブラック教授とスタンフォード大学マイロン・ショールズ教授が 1973 年に発表した，オプション評価モデルに用いられた手法を始祖とします[*12]．この考え方を応用し，現代では株価のみならず，様々な価格の予測や分布の見通しに用いられています．このモデル開発を，ウィリアム・シャープ教授による CAPM 理論，フランコ・モディリアーニ，マートン・ミラー両教授の MM 定理（資本構成の無効性原理）とともに，現代ファイナンス理論の三大業績のひとつと考えるのは，筆者だけではないはずです．

ブラック＝ショールズ・モデルは，現在の株価 S_t は，μ を平均リターン，σ をボラティリティ（標準偏差），W_t をブラウン運動とすると，次の確率微分方程式にしたがうと仮定しています．

$$dS_t = \mu S_t dt + \sigma S_t dW_t \tag{5.1}$$

伊藤の公式を用い，式 (5.1) を S_t について解くと，次の式 (5.2) が得られます．なお，S_0 は株価の初期値です．

$$S_t = S_0 e^{\left(\mu - \frac{1}{2}\sigma^2\right)dt + \sigma W_t} \tag{5.2}$$

この式 (5.2) を離散化して dt を限界的な時間変化 Δt，dW_t を限界的な時間

---

*12：Black, Fischer, and Myron Scholes (1972), "The Pricing of Options and Corporate Liabilities," *Journal of Political Economy*, Vol. 81, pp. 637-654.

変化にともなう分散の増加分ΔW_tに置き換えることで，次の式（5.3）を導出することができます．

$$S_{t+\Delta t} = S_t e^{\left(\mu - \frac{1}{2}\sigma^2\right)\Delta t + \sigma\varepsilon\sqrt{\Delta t}}$$ (5.3)

ΔW_tには，標準正規分布に従う確率変数εを用い，$\Delta W_t = \varepsilon\sqrt{\Delta t}$とします．モンテカルロ法ではこの確率変数$\varepsilon$に乱数を発生させることで，将来の株価予測値を試算します．このεの数を多数発生させるシミュレーションを複数回行うことで，将来の株価の平均値，中央値と分布を予測することが可能となります．

5.3 モンテカルロ法による日経平均株価の予測

本節で紹介するソースコードは GitHub リポジトリの以下のファイルにて閲覧可能です．株価以外のデータや標本期間が異なるデータを用いて試算を行う場合はこちらを使用してください．

```
5_1_montecarlo_simulation.ipynb
```

本節では，式（5.3）を用いた株価の予測例を，日経平均株価を例として紹介します．市場インデックスの予測は，第3章，第4章での学習内容を踏まえれば，マーケット・ポートフォリオの平均価格を予測することを意味します．マーケット・ポートフォリオの予測が，実務の現場で重視される理由は，シングル・ファクター・モデルやマルチ・ファクター・モデルでは，マーケット・ポートフォリオに市場インデックス株価を用いるケースが多いためです．CAPM 理論におけるベータ値とは，マーケット・ポートフォリオに対し，どの程度の追加的な期待リターンを求めるかという目安を意味します．このため，マーケット・ポートフォリオの予測値を算出することは，個別銘柄の見通しを考える際に役立ちます．

本節の例では，まずデータ管理，数値計算用に pandas，NumPy，math，標本期間定義のための datetime，確率分布に基づく乱数を発生させるための random，そして図表用のライブラリである Matplotlib を読み込みます．

```
import pandas as pd
import numpy as np
from math import exp,sqrt
import datetime
import random
import matplotlib.pyplot as plt
```

　次に URL から日経平均株価の日次データを取得します．データフレーム名を nikkei として，標本期間を 2021 年 1 月 1 日から 2022 年 11 月 30 日とします．

＃[2]株価データ取得

```
url = "https://github.com/nagamamo/data/blob/main/
5_nikkei225_data.csv?raw=true"#Git-hub から CSV データの入手
nikkei = pd.read_csv(url) #pandas データフレームへ格納
nikkei = nikkei.set_index("Date") #日時のインデックス化
```

　次に，日経平均株価の日次データ終値の変化率を NumPy により算出します．ここでは NumPy を用いて日経平均株価の日次データの終値の対数差分からリターンを算出し，データフレーム名を d_nikkei とします．続いて予測値を算出するため，この時系列データの直近の値である 2022 年 11 月 30 日の株価終値のみを切り取り，この終値の変数名を last とします．この直近の値が，シミュレーションを行う際の出発点となります．

＃[3]データ前処理

```
d_nikkei=np.log(nikkei.nikkei).diff(1)
last=nikkei.nikkei[-1]
```

　続いて株価変動モデルの実装に必要な変数定義と算出を行います．年間営業日数 days を 250 日と仮定し，平均値 mu と標準偏差 sigma を NumPy を用いて算出します．式（5.3）における限界的な時間の経過 Δt を delta と定義し，年間営業日数 days で除します．最後に平均 mu，標準偏差 sigma の正規分布に従う乱数を発生させ，このデータ配列名を z とします．4 章までの実装では，pandas データフレームや pandas.series を用いて計算を行ってきました．250

営業日の試算を数千回から数万回実施する本例のモンテカルロ法では，計算速度を高めるため，NumPyを用いています．

---

[4]リターン・平均値・標準偏差の算出と変数の定義

```
mu=np.mean(d_nikkei)*days
sigma=np.std(d_nikkei)*np.sqrt(days)
delta_t=1/days
z=random.gauss(mu,sigma)
```

次に式（5.3）（p.61）の離散化されたモデルを変数とともに定義します．モデル式の名称をbsmとして，Sは日経平均株価，sigmaは標準偏差，muは平均リターン，deltaは限界的な時間の経過，zは乱数です．

---

[5]株価変動モデルの定義

```
def bsm(S,sigma,mu,delta_t,z):
  bsm= S*exp((mu-sigma**2/2)*delta_t+sigma*sqrt
  (delta_t)*z)
  return bsm
```

続いて，2種類のシミュレーション実行回数を定義します．ひとつ目の実行回数は予測期間である将来何日後までの株価を予測するかの定義です．本例ではこれを，1年後まで実行するため予測期間（p）を1年1か月後（2023年12月29日）までの営業日数270回とします．ふたつ目の実行回数は，この270営業日のシミュレーションを何回反復するかの反復数（q）の定義です．本例では270営業日の反復を10,000回実行します．この1年後の270営業日後までのデータ，10,000回の試算結果を格納するための，0を要素とする2種類のNumPy配列を生成します．初期値nikkei_F[0]には2022年11月30日の株価lastを与えます．

---

[6]予測期間 (p)・反復回数 (q)・初期値他の定義と設定

```
p, q= 270, 10000
nikkei_F=np.zeros(p)
nikkei_F[0] = last
nikkei_F2=np.zeros(q)
```

動作確認のため，［6］で定義した 270 回のシミュレーションを 1 度のみ実行
します．この 1 回のみの試算では，1 年後の株価は 30,000 円近辺まで上昇す
る試算結果が得られます．当然のことながら，この試算結果は random.gauss
（mu,sigma）がいかなる乱数を生成するかに依存しますので，［7］を再度実行
すると異なる結果が得られます．

#［7］p 営業日後までのシミュレーションの実行：単数回

```
for n in range(1,len(nikkei_F)):
nikkei_F[n]=bsm(nikkei_F[n-1],sigma,mu,delta_t,
random.gauss(mu,sigma))
plt.plot(nikkei_F)
```

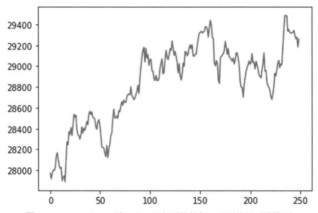

図 5.1　モンテカルロ法による日経平均株価の予測結果（単数回）

　［7］のシミュレーションを q 回反復するためのソースコードが次の［8］で
す．2021 年 1 月から 2022 年 11 月末までに日次データの平均リターン（mu）
とその標準偏差（sigma）を用いた試算では，2023 年 12 月末の日経平均株価は，
22,451 円から 32,366 円まで変動する可能性があることが示されています．

[8]p 営業日後までのシミュレーションを q 回反復

```python
plt.figure(figsize=(6,5))
for i in range(1,q):
  for n in range(1,len(nikkei_F)):
    nikkei_F[n]=bsm(nikkei_F[n-1],sigma,mu,
    delta_t,random.gauss(mu,sigma))
  plt.plot(nikkei_F)
  nikkei_F2[i]=nikkei_F[-1]
  nikkei_F3=np.delete(nikkei_F2,0)
```

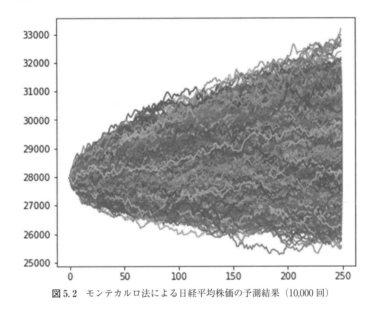

図 5.2 モンテカルロ法による日経平均株価の予測結果（10,000 回）

　モンテカルロ法による日経平均株価のシミュレーションが，最安値から最高値まで，どこまで変動する可能性があるのかを示したのが図 5.2 です．[9] は，2023 年 12 月末の 22,451 円から 32,366 円の範囲内で，どの価格帯の確率が最も高いのかを可視化するため，度数分布表の作成を指示しています（図 5.3）．また [10] は予測結果の記述統計を表示する指示ですが，{:.3f} は，小数第3 位まで表示することを指示しています．

#[9]予測値分布の可視化

```
plt.hist(nikkei_F3,bins=30,range=(25000,35000))
plt.plot()
```

#[10]予測値の記述統計

```
print('平均値 {:.3f}'.format(np.mean(nikkei_F3)))
print('中央値 {:.3f}'.format(np.median(nikkei_F3)))
print('標準偏差 {:.3f}'.format(np.std(nikkei_F3)))
print('最大値 {:.3f}'.format(np.max(nikkei_F3)))
print('最小値 {:.3f}'.format(np.min(nikkei_F3)))
```

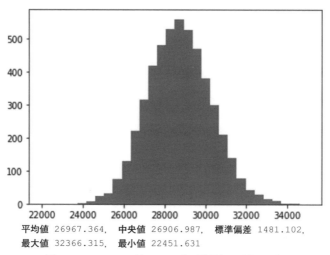

平均値 26967.364, 中央値 26906.987, 標準偏差 1481.102,
最大値 32366.315, 最小値 22451.631

図5.3 モンテカルロ法による日経平均株価予測値の分布

5.4 時系列モデルによる株価予測

5.4.1 時系列モデルの種類

　分析者の多くは，金融資本市場で毎日発生する現象を，まず構造方程式により捉えることを試みます．構造方程式を用いる場合は，市場の複数の変数に因果関係が存在することが前提となります．ところが，ビッグデータが利用可能な現代社会でさえも，次の2つの制約があることにより，構造方程式の利用が困難となる状況にたびたび直面します．ひとつは，因果関係を明らかにしたい

複数の変数が，必ずしも同じように高頻度で長期間観察可能なデータではないこと，もうひとつは，実体経済に比べて，市場の金融変数はランダムな変動を繰り返すことが多いことです．

　時系列モデルは，上記のような構造方程式による金融変数の予測が困難な場合に用いられます．この手法は，予測対象となる変数自身のトレンドや変動パターンのメカニズムが，時間的変化とともにどのように変化するかを把握することで，予測値の計測を試みるアプローチです．時系列モデルを用いることのメリットは，価格や需要等の変動要因メカニズムを説明する変数が入手できなくとも，予測対象となるデータさえ存在すれば，予測値が推計可能となることです．時系列モデルは，トレンド要因，周期的な変動要因，非周期的な変動要因，の概ね3つの要因に時系列データを分解するモデルを考えます．トレンド要因は，モンテカルロ法において採用する平均リターンの考え方同様，ヒストリカル・データからそのトレンドを抽出します．周期的な変動要因の典型例が季節性であり，週次効果や月次効果などの一定期間ごとに発生する周期変動を意味します．非周期的変動要因は，これら以外の変動要因を指しますが，ここが時系列モデルにおいて，どのようにこれをモデルに反映させるかが，分析者にとって腕の見せどころとなります．

　時系列モデルでは，AR モデル（自己回帰モデル），MA モデル（移動平均モデル），ARMA モデル（自己回帰移動平均モデル），ARIMA モデル（自己回帰和分平均モデル），SARIMA モデル（季節変動自己回帰和分移動平均モデル），そして Prophet 等の一般化加法モデルが頻繁に用いられるモデルです．これら5つの時系列モデルは，予測したい変数のヒストリカル・データを，学習データとして用いることで，モデルを推計することから始めます．次に，ヒストリカル・データの一部をテストデータとして用い，この予測値と実績値の誤差を確認，比較すれば，このデータの予測において，採用すべき時系列モデルがどのモデルであるかの判断が可能になります．

5.4.2　時系列モデルの考え方

　AR モデル，MA モデル，ARMA モデル，ARIMA モデルの4つのモデルは，予測対象となる時系列データ x_t の，〈1〉過去のデータ x_{t-1}, x_{t-2}, …, x_{t-p} の加重和か，〈2〉現在，過去のランダム要因 u_t の加重和か，〈3〉その両方か，〈4〉そ

れらの階差を採るのか，により定義されます．4つのモデルはそれぞれ次のような関係にあります．

〈1〉 AR モデル $\qquad x_t = \varphi_1 x_{t-1} + \varphi_2 x_{t-2} + \cdots + \varphi_p x_{t-p} + u_t$ (5.4)

〈2〉 MA モデル $\qquad x_t = u_t + \theta_1 u_{t-1} + \theta_2 u_{t-2} + \cdots + \theta_p u_{t-p}$ (5.5)

〈3〉 ARMA モデル $\quad x_t = \varphi_1 x_{t-1} + \cdots + \varphi_p x_{t-p} + u_t + \theta_1 u_{t-1} + \cdots + \theta_p u_{-p}$ (5.6)

〈4〉 ARIMA モデル $\quad x_t = \sum_{k=0}^{p} \omega_k (x_{t-k} - x_{t-k-1}) + \sum_{k=0}^{p} \gamma_k (u_{t-k} - u_{t-k-1})$ (5.7)

SARIMA モデルは ARIMA モデルに1週間，1カ月，1年など，周期的な季節変動を反映させたモデルです．

これらの伝統的な時系列モデルに対し，Meta 社（旧 Facebook 社）が開発した Prophet は一般化加法モデル（GAM）と呼ばれる手法を採用する時系列モデルです．Prophet は① トレンド項 g_t，② 周期変動項 s_t，③ イベント効果項 h_t，④ 誤差項 ε_t，の4つの項から構成されます．トレンド項 g_t に周期変動項 s_t，イベント効果項 h_t などの複数の項を加えることで，予測精度を高めることから，一般化加法モデルと称されます．

$$x_t = g_t + s_t + h_t + \varepsilon_t \qquad (5.8)$$

g_t のトレンド項は，増加（減少）トレンドがピークにある場合には非線形モデルとなり，そうでない場合は線形モデルで推計されます．このとき，ある時点で伸び率トレンドに変化をもたらす調整要因が明示的に与えられることで，ある確率のもとでトレンドが変化する構造となっています．

また，周期変動項 s_t は，ロンドン大学のアンドリュー・ハーベイ教授らの1990年の研究にしたがい，

$$s_t = \sum_{n=1}^{N} \left\{ a_n \cos\left(\frac{2\pi nt}{P}\right) + b_n \sin\left(\frac{2\pi nt}{P}\right) \right\}$$

により算出されます．ここで P は週次（＝7），年次（＝365.25）等の周期を意味します．さらにイベント効果項 h_t は過去の祝日，イベント等の記録をもとに作成されているイベントデータにパラメータを乗じた値が採用されます．

開発者のショーン・テイラー博士，ベンジャミン・レッハム博士（共に Meta 社）は，ARIMA モデル等の伝統的な時系列モデルに比べ，Prophet の利点と

して次の3点を掲げています[*13]. ひとつ目は s_t が複数の周期変動を網羅していることです. そしてこの周期変動はヒストリカル・データ(学習データ)の周期的特徴の違いに柔軟に適応します. 2つ目は, ヒストリカル・データ(学習データ)が等間隔の期間を持つ必要がない点です. この点は, データから外れ値や欠損値を除去する場合に, モデルの予測精度改善に貢献します. 3つ目はモデルの特定化, 自動化が容易であること及び係数値の解釈に柔軟性を持たせることができることです. つまり, 推計者は自らの経験に基づき, 予測に際し係数値に裁量的な前提を加えることができます.

5.5 時系列モデルによる日経平均株価の予測

本節で紹介するソースコードは GitHub リポジトリの以下のファイルにて閲覧可能です. 株価以外のデータや標本期間が異なるデータを用いて試算を行う場合はこちらを使用してください.

```
5_2_timeseries_analysis.ipynb
```

本節では, 式(5.8)の Prophet を用いた株価の予測例を, 日経平均株価を例として紹介します. 本節の例では, まず数値計算用の pandas, そして時系列モデル推計のための Prophet, 最後に図表用のライブラリである Matplotlib を読み込みます.

#[1]ライブラリ読み込み

```
import pandas as pd
from prophet import Prophet #時系列モデル用ライブラリ
import matplotlib.pyplot as plt
```

続いて日経平均株価のヒストリカル・データを取得します.

[*13]: Taylor, Sean J., and Benjamin Letham, (2017), "Forecasting at Scale," https://doi.org/10.7287/peerj.preprints.3190v2|CC BY 4.0 Open Access| rec : 27 Sep 2017.

[2] 株価データ取得

```
url = "https://github.com/nagamamo/data/blob/main/
5_nikkei225_data.csv?raw=true"#Git-hub から CSV データの入手
nikkei = pd.read_csv(url) #pandas データフレームの作成
nikkei = nikkei.set_index("Date") #日時をインデックスへ変更
```

　Prophet では，使用する変数名は日時 =′ds′，予測する変数 =′y′ を用いることとされています．このため一度，データフレームのインデックス名をリセットして ds と y へ変数名を変更します．

[3] データフレームの整理

```
nikkei.reset_index(inplace=True)
#prophet の変数定義変更のためリセット
nikkei = nikkei.rename(columns=
{'Date': 'ds','nikkei': 'y'})
```

　最後のセルでは，1 行目で時系列モデルに Prophet を使用する指示を与えます．2 行目においてヒストリカル・データをフィッティングし，3 行目で予測期間を指定します．これらを実施した後，予測結果を保存し，可視化します．

[4] 2023 年 12 月 29 日の日経平均株価の予測

```
model = Prophet()  #時系列モデルに prophet を採用：モデル名を model
model.fit(nikkei)  #データを時系列モデルにフィッティング
future = model.make_future_dataframe
(periods=394,freq="d")  #予測の期間と頻度の定義
forecast = model.predict(future) #予測結果の保存
model.plot(forecast) #可視化
plt.show()
```

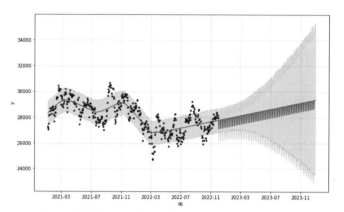

図5.4 時系列モデル（Prophet）による日経平均株価予測結果

　なお，予測結果の各データは下記により取得できます．

#[5]予測結果のデータ確認

```
pd.set_option("display.max_rows", len(forecast))
forecast
```

第6章
デリバティブ取引の理論と実装

6.1 デリバティブ取引の種類

　2023 年 2 月に国際金融協会が発表した統計によれば，2022 年の世界全体の金融負債残高は計 299 兆ドルと報告されています．世界銀行が発表した 2021 年の世界 196 カ国の国内総生産の合計値が 97 兆ドルですので，実物経済の約 3 倍の規模の金融資産・負債残高が存在することになります．この差し引き 202 億ドルが，製品サービスの取引の裏付けがない金融取引であり，極論すれば，これらの取引は，期待リターンとリスクの取引残高ということになります．そして，日本銀行によれば，2021 年のデリバティブ取引の規模は，日本だけでも 70 兆ドルに達しています．それゆえ，公式統計がない世界全体のデリバティブ取引の規模は，世界の金融負債残高 299 兆ドルを遥かに上回ることは間違いありません．

　第 2 章から第 4 章において説明した通り，世界の金融資本市場では，投資家は，リスクを取引する見返りに期待リターンを求めます．世界の金融資本市場では，過度に高い期待リターンを求めず，リスクヘッジにデリバティブ取引を用いる投資家もいれば，デリバティブ取引を用いてさらに高リスクな投資を行う投資家もいます．元来，デリバティブ取引は，市場リスクをヘッジするために育まれてきた手段ですが，現代の金融資本市場では，これらを用いて，さらにリスク選好度を高める投資家が増えています．これらの取引に用いられるデリバティブ取引は，基本的には先物取引，スワップ取引，オプション取引の 3 つの取引が中心です．本章では，これら 3 つのデリバティブ取引の概要と事例を紹介した上で，これらの取引に用いられるプログラミング実装例を示します．

　本章では，先物取引，スワップ取引，オプション取引の仕組みについて説明します．先物取引は，日経平均先物，為替先物取引を中心に説明を行い，スワップ取引は金利スワップ取引，為替スワップ取引の概要を説明します．オプション取引の説明では，その仕組みの説明とともに，ブラック＝ショールズ・モデ

ルを用いたオプション取引価格を説明し，その実装の手順を示します．

6.2 先物取引の仕組み

　先物取引は，例えば3か月後などの将来の決められた日時に，購入（販売）商品，商品購入（販売）量，購入（販売）価格，の契約を予め行う取引です．3カ月経過後の先物取引契約に定められた日には，商品の受け渡しと決済が同時に実施されます．もともと江戸時代の18世紀半ば，江戸幕府が大坂堂島で取引されるコメの現物市場（正米商い）と先物市場（帳合商い）を公認したことが，世界の中でも先物取引の先駆けとみなされています．今日の金融資本市場でも，主として株式や債券を対象商品として，現物取引と先物取引が行われています．また外国為替市場でも，日々先物取引が行われています．

　例えば，国債先物取引の場合，国債を1年後に，一単位当たり99.5円で売却する，先物売り契約を締結したとします．この先物売り契約を締結した契約者が，現物の国債を保有していない場合には，満期日の1年後までに現物市場で国債を購入して，満期日に売却しなければなりません．そして，この契約者が満期日1日前に直物市場で国債を一単位当たり98.5円で購入し，翌日に先物契約が履行されれば，契約者は一単位1円の利益を得ることになります．このケースでは，先物買い契約の購入者は，1年後の先物国債価格が不変もしくは上昇すると予想し，先物売り契約の購入者は先物国債価格が現在よりも下落すると予想することで，取引契約が成立します．換言すれば，国債価格が上昇していた場合には，先物買い契約の購入者に逆に利益が発生していたことになります．

　もともと，18世紀半ばに，大坂・堂島でコメの先物市場が誕生した背景には，先物市場でコメの取引価格を帳簿上，予め定めることで，コメの価格変動がもたらす農家の所得減少を回避する目的があったとされています．他方，現代の金融資本市場では，金融資産の価格変動を回避する目的よりも，現物市場と先物市場の価格の違いを利用して追加的な利潤を生みだす目的で用いられるケースが大半です．いずれにしても，コメの商品取引でも金融資本市場でも，将来の価格について，異なる見通しが存在することで，買い手と売り手の先物契約締結が成立し，先物取引が行われます．

6.3 スワップ取引の種類

6.3.1 金利スワップ取引

　金利スワップ取引の多くは，変動金利と固定金利を交換する取引です．金利スワップ取引のメリットは，変動金利で資金調達を行っている企業が，将来の金利上昇を予見している場合，この金利支払費用を，固定金利契約と交換することで，費用を節約することが可能となることです．この場合，変動金利契約と固定金利契約を交換する相手企業の方は，将来の金利低下，もしくは据え置きを予測していることになります．このように金利スワップ取引においても，将来の金利動向の見方が異なることで取引が成立します．そして重要な点は，金利スワップ取引は，借入金の元本とは無関係であり，あくまでこの元本から生じる利払いの変動金利と固定金利を交換する点です．

　いま総合商社 A 社が M 銀行から 2.0％で固定金利の銀行借入を行っていると仮定します．そしてノンバンク B 社は S 銀行から 0.9％での変動借入を行っていることとします．このとき総合商社 A 社は将来の長期金利が下落へ向かうと予想し，ノンバンク B 社は逆に上昇へ転じる見方を強めているとします．この銀行借入を行っている 2 社の近い将来の長期金利の見方がこのように異なるとき，仲介金融会社を通じて，総合商社 A 社とノンバンク B 社の金利スワップ取引契約の締結が可能となります（図 6.1）．ただし，総合商社 A 社，ノンバンク B 社はともに金利の種類を交換できればよいということではなく，特に B 社の場合は，どの程度の固定金利の水準で金利スワップ取引を行うのかが，取引交渉において重要なカギとなります．

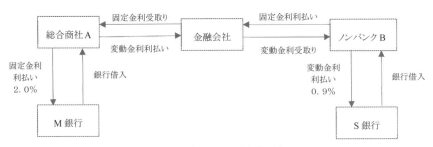

図 6.1　金利スワップ取引の例

6.3.2 為替スワップ取引

スワップ取引において，金利スワップ取引同様，頻繁に用いられる取引が為替スワップ取引です．長期金利の日々の変動に比べ，為替レートはより大きく変動します．為替スワップ取引の毎日の売買高が大きい理由は，この為替リスクをヘッジするためです．通常，為替スワップ取引は，直物為替取引と先物為替取引における売買を組み合わせることにより行われます．例えば自動車メーカーC社が1年後に100万ドルの売掛金を取得することが確定しているとします．この場合，このメーカーの委託を受けた銀行Sは，直物市場で100万ドルの円買いドル売りを行うと当時に，直物市場での100万ドルの円売りドル買いと，先物市場での1年後の100万ドルの円買いドル売り先物為替予約を行うことで，為替リスクを中立化させます（図6.2）．

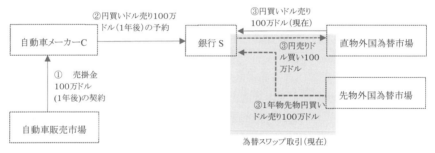

図6.2　為替スワップ取引の例

先物為替レートは，直物為替レートと2通貨間の金利差から算出されます．2通貨間の金利差は，ドル円レートの場合は，日米金利差であり，先物為替予約が1年後であれば，日米の1年後の金利差が用いられます．具体的には，先物ドル円レートは，直物ドル円レートに，日米それぞれの1年債金利を一日当たりの利回りに換算した値の比率を乗じて算出されます．過去四半世紀は米ドル金利が日本円金利を上回る状況が長期的に続いていたため，先物ドル円為替レートはドルディスカウント・円プレミアムの状況が続いてきました．

6.3.3 為替スワップ取引の実装

　本節で紹介するソースコードは GitHub リポジトリの以下のファイルにて閲覧，および直接実装可能です．

```
6_1_fx_swap.ipynb
```

　本節では，ドル円レートの為替スワップ取引において，取引の対象となる，日本と米国の金利差から算出される先物為替レートの理論値を示し，直物為替レートとの比較を行います．ライブラリは数値計算のための pandas，標本期間定義のための datetime，そして図表作成のための Matplotlib をインポートします．

#[1]ライブラリの読み込み

```
import pandas as pd
import datetime
import matplotlib.pyplot as plt
```

　次に米国1年債金利，日本1年債金利，直物為替レートの 2018 年 1 月 1 日から 2022 年 12 月 31 日までの日次データを取得します．このデータフレーム名を data と名付け，米国1年債金利の変数名は US1Y，日本1年債は JP1Y，ドル円レートは USDJPY とします．pandas データフレームを作成する際，日時情報を df = data.set_index("Date") とすることにより，Data をインデックスとして用います．

#[2]データ読込み

```
url = "https://github.com/nagamamo/data/blob/main/
6_1_fx_swap_data.csv?raw=true"#Git-hub から CSV データの入手
data = pd.read_csv(url)#データフレームの作成
data["Date"] = pd.to_datetime(data["Date"])
#日時を datetime へ変換
df = data.set_index("Date")#日時をインデックスへ変更
data_list=['US1Y','JP1Y','spot']　#変数名再定義
df.columns = data_list
```

　日米1年債と直物ドル円レートのデータフレームが準備できれば，これらを

用いて1年物先物為替レートを算出します．先物為替レートは，直物為替レートに直先スプレッドを加算・減算することで算出されます．このソースコードを用いて，ドル円1年先物レートを算出するため，ここでは日米1年債の金利差から，先物為替レートを次の算出式に基づき，計算しています．米国の金利はユーロドル金利取引の慣行にしたがい，1年を360日として算出しています．算出された先物為替レートはデータフレーム df に格納します．

$$1\text{年先物為替レート} = \text{直物為替レート} \times \frac{(1 + \text{日本1年債金利} \times 365/365)}{(1 + \text{米国1年債金利} \times 360/360)}$$

＃[3]先物為替レート理論値の算出

```
day1=365#円金利を 1 年 365 日に定義
day2=360#ドル金利を 1 年 360 日に定義
df['fwd']=df.spot*(1+df.JP1Y/100*day1/365)/
(1+df.US1Y/100*day2/360)
```

　2018年初から2022年12月末までの，算出された先物為替レートと直物レートを図示したグラフが図6.3です．2018年から2019年，そして2022年年央の日米1年債の金利スプレッドの拡大にともない，先物為替レートも直物レートより大きく円高方向へ上昇していることがわかります．

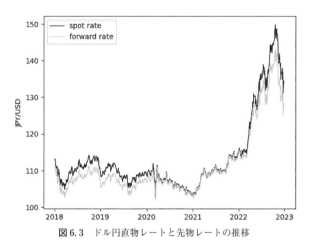

図6.3　ドル円直物レートと先物レートの推移

＃[4]可視化

```
plt.plot(df.spot, color = 'darkorange',label=
"spot rate",lw=1)
plt.plot(df.fwd, color = 'lightseagreen',label=
"forward rate",lw=1)
plt.legend()
plt.ylabel('JPY/USD')
```

6.4　オプション取引の理論と実装

6.4.1　オプション取引の仕組み

　3つめのデリバティブ取引がオプション取引です．オプション取引とは，売り・買いの「権利」を売買する取引です．先物取引との違いは，先物取引は，先物契約後，対象商品の売買は，この商品価格の動向に関わらず，必ず履行されなければなりません．これに対し，オプション取引は，オプション手数料を支払って売買の権利を獲得した後，価格が売買の履行に望ましくなければ，売買を履行しなくても構いません．このため，オプション取引は，投資家が一度，オプション手数料を支払うことで，この商品の価格変動リスクから逃れられる，保険的な役割と機能を持つ，と言えます．このオプション取引は株式，金利・債券，外国為替，エネルギー，貴金属その他，原資産が価値を持つあらゆる市場で利用されています．

　オプション取引には，買う権利を購入するコール・オプションと，売る権利を購入するプット・オプションがあります．オプション取引では，権利行使価格と満期日がこれらの権利の売買において定められ，対象商品の売買の権利行使価格と満期日が，オプション取引の買い手と売り手を突合する重要な要件となります．図 6.4(A) は，株価指数オプションの日経 225 オプションを例とする，コール・オプションの取引プロセスを示しています．この例では，日経平均株価が，K という権利行使価格で取引されます．投資家はこの取引において，C というオプション手数料を支払うことで，日経平均株価指数を購入する権利を得ることになります．この投資家は，現在，K よりもはるかに割安な水準である T という株価が，満期日までに $K +$ オプション手数料 C 以上に上昇するとの見通しを立てれば，C を支払ってこのコール・オプション購入を求めます．

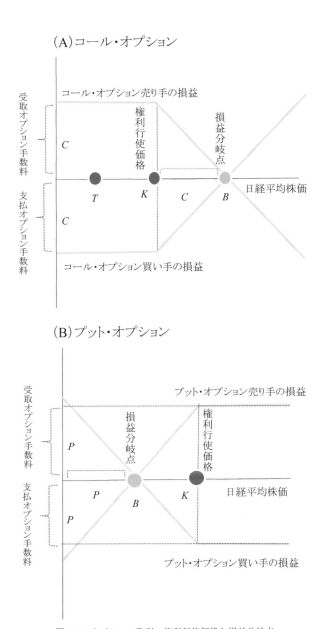

図 6.4 オプション取引の権利行使価格と損益分岐点

コール・オプションの購入者は現在の株価 T で日経 225 指数商品を空売りしておけば，権利行使時の価格との差額分の収益を得られることになります．他方，相対する投資家は，現在の株価 T が $K(+C)$ よりも上昇する可能性が低いと考えれば，この取引に応じることになります．

オプション取引における売買権利の価格がオプション価格 C です．この価格は原資産の変動率が高いほど，上昇します．その理由は，変動率が高い原資産ほど，取引を行う市場参加者にとって市場リスクが高いためです．換言すれば，原資産の価格変動率が高い状況ほど，オプションの買い手は権利行使の可能性が高まり，売り手は買い手に権利行使された場合に，損失を被る可能性が高まるためです．原資産価格の変動率が小さい場合には，オプションの買い手の権利行使の可能性は低くなるため，売り手が権利行使により損失を被る可能性は低下します．先物取引とは異なり，オプション取引の場合には，原資産の価格次第では，買い手は権利行使しない可能性があります．それゆえ，オプション価格は原資産の将来のボラティリティ，原資産価格，権利行使価格，残存期間，無リスク資産の金利，配当利回りから算出されます．このオプション価格を算出するための算出式は，5 章でも述べた通り，MIT スローン経営大学院の故フィッシャー・ブラック教授とスタンフォード大学マイロン・ショールズ教授が 1973 年に発表した公式が幅広く実用されています．

6.4.2 オプション理論価格の実装
本節で紹介するソースコードは GitHub リポジトリの以下のファイルにて閲覧可能です．

```
6_2_option_pricing_model.ipynb
```

本節の実装では，次のブラック＝ショールズ・モデルを用います．

(1) 株価コール・オプション価格　　$C = S_0 e^{-\delta t} N(d_1) - K e^{-rt} N(d_2)$

(2) 株価プット・オプション価格　　$P = S_0 e^{-\delta t} N(d_1) + K e^{-rt} N(-d_2)$

$$\text{ただし} \quad d_1 = \frac{\ln(S_0/K) + (r - \delta + \sigma^2/2)\,t}{\sigma\sqrt{t}}, \quad d_2 = d_1 - \sigma\sqrt{t}$$

なお，各変数の定義は S_0：直近の株価，e：自然対数の底，δ：予想配当利回り，t：権利行使日数，$N(x)$：標準正規分布の累積確率密度関数，K：権利行使価格，r：無リスク資産利回り，σ：予想ボラティリティ，です．$N(x)$ は標準正規分

布にしたがう確率変数が x 以下の値をとる確率を示します．また，e^{-rt} は t 時点で派生するキャッシュフローを無リスク資産金利（複利）で現在価値に割り戻すためのディスカウント・ファクターを意味します．σ の予想ボラティリティは，株価ヒストリカル・データの変動率から標準偏差を算出してこれを用います．

　本節では，オプション価格を算出するためのパッケージである option-price 0.2.0 を用いてコール・オプション価格の算出事例を示します．この算出に際し，Google Colaboratory では，option-price のインストールは，ひとつのコードセルにおいて実行します．

ファイル　編集　表示　挿入　ランタイム　ツール　ヘルプ

＋ コード　＋ テキスト

```
[ ]  pip install option-price
```

　パッケージのインストール後，3つのライブラリをインポートします．ひとつは option-price からオプション価格算出のためのライブラリ Option です．他の2つは pandas と NumPy です．

 # [1]ライブラリの読み込み

```
from optionprice import Option# オプション価格算出用ライブラリ
import pandas as pd
import numpy as np
```

　次に株価と金利の日次データを取得します．日経平均株価は5章で用いた 2018 年初から 2022 年 12 月末までの日次データを URL から取得します．このデータを pandas データフレーム nikkei に格納し，NumPy により対数値の差分を計算してリターンを算出，そのデータフレーム名を d_nikkei とします．加えて，オプション価格の算出に必要な日経平均株価と1カ月物金利の直近の値を，それぞれ last_nikkei，last_rate というデータフレーム名で保存します．

[2]データ読込み

```
url = "https://github.com/nagamamo/data/blob/main/
5_nikkei225_data.csv?raw=true"#Git-hub から CSV データの入手
nikkei = pd.read_csv(url)#データフレームの作成
nikkei = nikkei.set_index("Date")#日時をインデックスへ変更
```

[3]データ前処理

```
last_nikkei=nikkei.nikkei[-1] #株価直近データの定義
last_rate=0.01 #1カ月物金利直近データの定義
d_nikkei=np.log(nikkei.nikkei).diff(1) #リターンの算出
```

　続いて，オプション価格を算出するための初期値を設定します．株価 s_0 は直近値である last_nikkei を指定し，オプションの購入者が判断する行使価格は，ここでは日経平均株価 29,000 円と設定します．行使期間を 30 日間とし，これに合わせ無リスク資産金利は 1 カ月物金利 last_rate を外生的に与えます[14]．最後に日経平均株価変動率 d_nikkei から標準偏差を算出し，この値を sigma とします．

[4]初期値の設定

```
s0=last_nikkei#株価直近値を指定
k=29000#行使価格
r=last_rate/100#円金利直近値を指定
days=30#行使期間
sigma=np.std(d_nikkei)#株価標準偏差を算出
```

　最後に Option() を用い，コール・オプション価格を算出します．以下のソースコードは，データフレーム名が some_option であり，kind='call' によりコール・オプション価格を算出することを指示しています．ここでは，原資産価格（株価）の直近値 s0，行使価格 k，（予想）ボラティリティ sigma，無リスク資産円金利 1 カ月 r，行使期間 days を指定します．このケースでは，配当率は dv=0 の「なし」としました．ヨーロピアン・オプション価格を算出する場合であれば，

---

[14]：直近の世界各国の償還期別金利は例えば https://www.investing.com/rates-bonds/world-government-bonds 等を参照の上，入力してください．

european=True とし，アメリカン・オプションの場合には european=False
とします．

＃[5-1]コール・オプション価格の算出

```
some_option = Option(european=True,kind='call',s0=s0,
k=k,sigma=sigma,r=r,t=days,dv=0)#日数により期間を指定するケース
```

行使期間を日付で指定する場合には，

```
some_option = Option(european=True,kind='call',s0=s0,
k=k,sigma=sigma,r=r,start='2022-07-23',end=
'2022-08-22',dv=0)#日付により期間を指定するケース
```

と記述します．またプット・オプション価格を算出する場合には，kind='put'
と指定します．

＃[5-2]プット・オプション価格の算出

```
some_option = Option(european=True,kind='put',s0=s0,k=k,
sigma=sigma,r=r,t=days,dv=0)
```

算出結果は，print（データフレーム名）で表示されます．本節の例では，
オプション価格は 1.2410% と算出されています．

＃[6]算出結果の表示

```
print(some_option)

Type:            European
Kind:            call
Price initial:   27968.99
Price strike:    29000
Volatility:      1.2409896519934491%
Risk free rate:  0.01%
Start Date:      2023-01-03
Expire Date:     2023-02-02
Time span:       30 days
```

第7章
債券投資理論の実装

7.1　債　券　の　種　類

　第2章から第6章では，株式投資を前提とする現代ポートフォリオ理論や裁定価格理論の説明を行いました．ここでは普通株を，有価証券投資の対象としていましたが，証券投資には株式投資以外に債券投資もあります．株式投資とは異なり，債券投資の場合，発行者が投資家にあらかじめ定められた利息を支払い，一定期間後に元本も償還します．この発行者が支払う利息が確定している場合にはこの債券は「確定利付証券」と呼ばれます．日本証券業協会が公表する債券発行に関わる統計では，債券は，国債，地方債，政府保証債，財投機関債等，普通社債，資産担保型社債，転換社債，金融債，非居住者債の9種類に分類されます．

　国債，地方債は国や地方自治体が発行する債券であり，普通社債，転換社債，金融債は民間企業が発行する債券です．これらの債券は，保証もしくは担保付きか否か，また公募か私募かにより，債券価格や利回りが異なります．政府保証債や資産担保型社債は，政府が保証，または企業自身の資産が債券に担保として付くことで，投資家の信用リスクが軽減されます．また，資金調達者により発行された債券は，広く投資家を募る公募と，買い手が限定される私募の場合があります．米オリーン大学アルマンド・ゴメス准教授らが2012年に発表した研究では，市場参加者に事業内容がよく知られる企業の多くは公募社債発行が多く，あまり知られていない企業ほど私募発行が多いという傾向があるとのことです*15．

　既発債を売買する流通市場も，国債市場と社債市場が中心的な市場です．重要な点は，発行市場において発行された債券が，流通市場での市場参加者の取引を通じて，市場金利が形成される点です．このため，企業の資金調達にかか

---

*15：Gomes, Armando, and Gordon Phillips（2012），"Why Do Public Firms Issue Private and Public Securities?" *Journal of Financial Intermediation*, Vol. 21, pp. 549-722.

る利払い負担は，普通社債市場の拡大とともに，銀行借入の場合に比べ，軽減されてきました．この債券利回りの水準は，中央銀行が公開市場操作を行う短期金融市場の金利変動にも影響を受けます．その意味では，現代の社会経済は，債券流通市場の金利水準が，企業の設備投資行動や家計の住宅ローンの資金調達行動に，多大な影響をもたらす世の中であると言えます．

　これらの債券には，それぞれ利付債と割引債があります．利付債の場合，発行から償還までの期間，毎年，債券の購入者である投資家に利息が支払われ，最終年にはこれとともに元本が償還されます．割引債の場合は，償還期間の間に受け取る利息がなく，発行市場での価格が額面よりも割安な価格で販売され，償還時に額面通りの金額が償還することで，発行体は投資家に事実上の利払いを行っています．主要国の債券市場では，利付債の発行残高が割引債を大きく上回ります．このため，債券投資理論では，多くの場合，利付債の構造をもとに説明が進められます．利付債の場合，投資家が債券投資により獲得する収益には，インカム・ゲインとキャピタル・ゲインの2種類があります．インカム・ゲインとは，債券を購入することにより得られる利息収入のことであり，クーポン収入とも称されます．キャピタル・ゲインは，債券を償還前に購入価格を上回る価格売却することで得られる収入です．これらの2種類に，キャピタル・

表7.1　債券の種類とタイプ

債券	種類	発行体とタイプ
公債	国債	長期国債，中期国債，国庫短期証券，変動利付国債，超長期国債，個人向け国債他．
	地方債 財投機関債 政府保証債 その他	市場公募地方債，共同発行市場公募地方債，銀行等引受債他．
社債	普通社債 資産担保型社債 転換社債 金融債 その他	利付金融債，割引金融債
非居住者債	円建て外債 ユーロ円債 外貨建て外債 その他	

ゲインを再投資した場合に得られる再投資収入を加えれば，債券投資の収益源は，利息収入，売却損益，再投資収入の3種類と定義することができます．

7.2 日本の債券市場

日本では，国債が2020年から21年にかけて215兆円から220兆円発行され，債券市場の中では規模が最も大きい市場です．これに対し，同時期の地方債発行額が年間およそ7兆円，普通社債の発行額が年間およそ15兆円です．資産担保型社債や転換社債の発行額はさほど大きくはなく，企業の債券発行による資金調達は専ら普通社債の発行により行われています．国債市場が債券市場の中心的な市場であることは，世界各国に共通する普遍的状況です．このため，流通市場で決定する「ソブリン債」利回りを基準として，銀行貸出金利や住宅ローン金利などの様々な民間部門の金利形成が国・地域ごとに進行します．そこでは，かつては間接金融が企業金融の中心であった新興国・途上国においても，世界的な金融制度改革と直接金融化の潮流とともに，社債利回りが国債利回りに大きく影響を受ける時代が訪れています．

債券市場の発展が金融現代史において重要である理由は，この市場の発展が企業の資金調達行動の変貌を後押ししてきたためです．また，国債市場に次いで普通社債市場が拡大している理由は，1990年代半ば以降，企業の資金調達額が巨大化し，銀行借入では賄えないケースが度々出現していることがその理由です．企業の資金調達の使途が設備投資や研究開発投資に限定されていた1970年代から80年代までは，銀行借入は借り手企業にとって，多少金利は高くとも，利便性と機動性が最も高い資金調達手段でした．ところが，1999年の商法改正以降，企業買収の多発化とともに，銀行の自己資本規模では負担できない大きさの資金需要が銀行顧客に度々発生することになりました．この間，商法改正以外の金融制度改革が進行したことも，一般事業会社の直接金融市場利用を後押ししました．現代ファイナンス理論では，企業が資金調達を実施する際，どのような場合に，社債発行を選択するのか，そしてそれは株式発行の選択理由とはどのような点が異なるのか，についての研究が，近年まで取り組まれています．マサチューセッツ工科大学のスチュワート・マイヤーズ教授らの調達序列理論やデューク大学ジョン・グラム教授らの市場タイミング理論が

発表され，後発研究に支持されたのも，この 1990 年代から 2000 年代です[*16].

7.3 債券デュレーションの理論と実装

7.3.1 債券価格と利回り

債券価格と利回りを考える場合，考慮に入れなければならない点は，利付債か割引債か，利付債の場合は単利か複利か，これら 2 点です．これに加え，利付債の場合には確定利付債か変動利付債かを考える必要があります．利付債の場合，投資家は例えば，クーポン（利息）$C_1, \ldots, C_n$ を，それぞれ $T_1, \ldots, T_n$ 時点で受け取ることとなります．ここでは償還期間を T_n として，毎年決められた時期にクーポンの支払いが行われることになります．額面価格を N とすると，最終 n 年には利息 c_n の受け取りに加え，元本 N が償還します．t 時点での債券価格を $P(r)$ とすると，このときの利付債の複利最終利回り r は，次式を満たす値として算出されます．クーポン（利息）$C_1, \ldots, C_n$ がすべて等しい場合が確定利付債，予め定められたルールにともない変動する場合は変動利付債となります．

$$P(r) = \sum_{i=1}^{n} \frac{C_i}{(1+r)^i} + \frac{N}{(1+r)^n} \tag{7.1}$$

割引債の場合には単純に，次式を満たす $r(t)$ が t 時点での最終利回りとなります．

$$P(r) = \frac{N}{(1+r)^n} \tag{7.2}$$

また利払いが年間 m 回行われる確定利付債の場合，t 時点での価格 $P(r)$，複利最終利回り r との関係は式（7.3）により表され，これを満たす r が最終利回りとなります．

---

*16：企業の資金調達手段の選択に関する調達序列理論，トレードオフ理論，市場タイミング理論を提唱，もしくは支持する研究は枚挙に暇がありませんが，例えば調達序列理論，市場タイミング理論では下記の研究が，象徴的な研究としてとりあげられています.

Myers, Stewart C. (1984), "The Capital Structure Puzzle," *Journal of Finance*, Vol. 39, pp. 575-592.

Graham, John R., and Campbell R. Harvey (2001), "The theory and Practice of Corporate Finance : Evidence from the Field," *Journal of Financial Economics*, Vol. 60, pp. 187-243.

$$P(r) = \sum_{i=1}^{mn} \frac{C_i/m}{(1+r/m)^i} + \frac{N}{(1+r/m)^{mn}} \tag{7.3}$$

式 (7.1)〜(7.3) において, 最終利回り $r(t)$ は内部収益率として数理的に算出することができます. 重要な点は, 債券購入時から償還時までに, 債券価格 $P(r)$ と最終利回り r が常に変動し続ける点です. そして次節で述べるように, この両者の関係が, 債券投資におけるリターンとリスクを管理する上で, 重要な情報となります.

この債券価格 $P(r)$ と最終利回り r の関係が重要である理由は, 債券価格 $P(r)$ は, 償還（残存）期間の違いにより, 利回りの変化 Δr からの影響が異なることです. 換言すれば, 償還（残存）期間が長い債券ほど, 利回りの変化がもたらす債券価格への影響が大きくなり, 償還（残存）期間が短い債券ほど, その影響は小さくなります. 例えば, 債券利回り価格曲線を償還期間別に導出するため, 3つの曲線を描くと次の手順となります. まずこの試算に必要な数値計算用ライブラリ NumPy と図表作成用ライブラリ Matplotlib を読み込みます.

#[1]ライブラリの読み込み

```
import numpy as np
import matplotlib.pyplot as plt
```

続いて, 債券利回り価格曲線を導出するため, NumPy を用いて, 0%から15%の間に0.01%刻みの等差数列を生成し, 償還期間2年, 5年, 10年の債券価格を算出します.

#[2]債券利回り価格曲線の算出

```
r=np.arange(0,15,0.01)
#最終利回り 0〜15.0%の間に 0.01 刻み等差数列の生成
for i in np.arange(0,15,0.01):
  Maturity_2year = 100/(1+r/100)**(2)
  #償還期間 2 年の債券価格の算出
  Maturity_5year = 100/(1+r/100)**(5)
  #償還期間 5 年の債券価格の算出
  Maturity_10year = 100/(1+r/100)**(10)
  #償還期間 10 年の債券価格の算出
```

これらの最終利回りの等差数列を用いて算出された3種類の債券利回り価格曲線を可視化します.

 # [3]債券利回価格曲線の可視化

```
plt.plot(r,Maturity_2year,color="blue",lw=2,label=
"2_Year_Maturity")#償還期間2年の債券利回価格曲線のプロット
plt.plot(r,Maturity_5year,color="red",lw=2,linestyle =
"dashed",label="5_Year_Maturity")
#償還期間5年の債券利回価格曲線のプロット
plt.plot(r,Maturity_10year,color="gold",lw=2,linestyle =
"dashdot",label="10_Year_Maturity")
#償還期間10年の債券利回価格曲線のプロット
plt.xlim(0.5,15.0)#横軸の幅を0.5〜15.0%に設定
plt.xlabel("Yield: r (%)")#横軸ラベル
plt.ylabel("Price: P(r)")#縦軸ラベル
plt.legend()#凡例の表示
```

図7.1の可視化された3種類の債券利回り価格曲線を見ると,横軸の利回りrの変動に対して最も大きく影響を受けるのが10年債価格であり,続いて5年債,2年債の順であることがわかります.次節以降では,この最終利回りの変化と債券価格との関係を計測します.

7.3.2 修正デュレーションとマコーレー・デュレーション

図7.1に象徴される通り,債券は,償還期間が長いほど,利回りの変動は価格の変動に大きく影響を与えます.デュレーションは,この限界的な債券利回りの変動がもたらす債券価格変動の大きさを意味します[*17].図7.2は債券利回り価格曲線の概念図を示しています.この図において,デュレーションとは,利回りがr_0のときに債券利回り価格曲線に接する直線の傾きを示しています.すなわち,p.90の図7.1の3つの曲線は,これらの債券はいずれも最終利回りが高いほど,その変化Δrが債券価格の変化ΔPに与える影響の大きさが逓減することを意味しています.言い換えれば,償還期間が長い債券ほど,デュレー

---

*17:「デュレーション」の定義には複数の解釈がありえますが,本節では,この「利回りの変動がもたらす債券価格の変動の大きさ」として,説明を進めます.

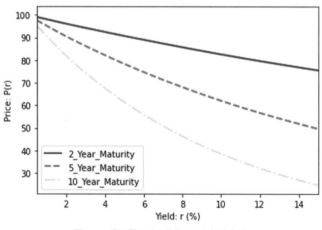

図7.1 償還期間別の債券利回り価格曲線

ションが大きく，償還期間が短い債券ほどデュレーションが小さくなります．

式（7.2）の割引債の場合，デュレーションの算出式は，次の式（7.4）により表されます．ここでは式（7.2）$P(r) = N \times 1/(1+r)^n$ を r について微分することにより，

$$\frac{dP}{dr} = \frac{-n \times N}{(1+r)^{n+1}} \tag{7.4}$$

という式が得られます．すなわち，式（7.4）は，最終利回りが限界的に Δr 変化した場合の，債券価格の変化幅 ΔP を意味します．この割引債のデュレーション dP/dr は，償還期間 n と利回り r，償還価格 N を入力することで求められます．

利付債のデュレーションは，同様に式（7.5）を r について微分することにより求められます．

$$P = \sum_{i=1}^{n} \frac{C_i}{(1+r)^i} + \frac{N}{(1+r)^n} \tag{7.5}$$

式（7.5）を r で微分すれば，式（7.6）が得られます．

$$\frac{dP}{dr} = -\frac{1}{(1+r)} \left\{ \sum_{i=1}^{n} \frac{i \cdot C_i}{(1+r)^i} - \frac{n \cdot N}{(1+r)^n} \right\} \tag{7.6}$$

この利付債のデュレーション dP/dr も同様に，償還期間 n と利回り r，償

還価格 N を入力することで求めることができます。式 (7.5)，(7.6) により算出される ΔP は債券価格の変化幅です。これらの変化幅の債券価格に対する比率である修正デュレーションは，式 (7.6) を P で除した値の絶対値である式 (7.7) により算出できます。

$$修正デュレーション = \frac{1}{(1+r)} \left| \frac{\sum_{i=1}^{n} \frac{i \cdot C_i}{(1+r)^i} - \frac{n \cdot N}{(1+r)^n}}{P} \right| \qquad (7.7)$$

式 (7.7) のうち，償還期間が長期化するとともに左辺の修正デュレーションに影響を与えるのは，右側の $|\ |$ 内の部分です。この $1/(1+r)$ を除く項がマコーレー・デュレーションと称されるデュレーションの定義式であり，利回りの変動がもたらす価格への影響度の指標として用いられます。

$$マコーレー・デュレーション = \frac{\sum_{i=1}^{n} \frac{i \cdot C_i}{(1+r)^i} - \frac{n \cdot N}{(1+r)^n}}{P} \qquad (7.8)$$

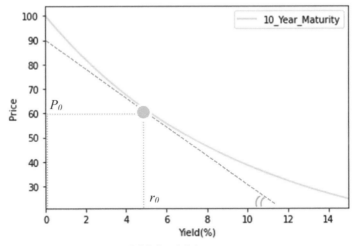

図 7.2 債券価格の変化とデュレーション

7.3.3 デュレーションの実装と解釈

ここで紹介するソースコードは GitHub リポジトリの以下のファイルにて閲覧可能です.

```
7_2_bond_duration.ipynb
```

ここでは，7.3.2 項で示したデュレーションの算出式を実際のデータを用いて実装し，その解釈を説明します．重ねて説明する通り，デュレーションは債券投資分析におけるリターンとリスクの関係を測る上で，ひとつの重要な指標です．この計測に際して，本項では，前項の理論式の説明に沿い，利付債の償還期間 n, クーポンレート c_i, 複利最終利回り r, 額面価格 N を予め与えた際に，n が異なることで，デュレーションがどのように変化するのかを確認します．

デュレーションの算出は，償還期間 n, クーポンレート c_i, 複利最終利回り r, 額面価格 N と，前節式（7.4）～（7.8）を定義式として与えることでも算出可能です．一方で，即時グロス決済に要する営業日数，年間営業日の設定など，実務の現場で応用するには細かい設定が必要となります．このため本節の例では数理ファイナンス実務のために開発されたオープンソース・ソフトウェア・ライブラリの QuantLib 1.29 を用いて実装を行います．まず，この QuantLib を Google Colab 上で，ひとつのコードセルのみを用いてインストールします．

QuantLib がインストールされれば，次にこのライブラリを数値演算ライブラリの NumPy とともにインポートします．

#[1]ライブラリの読み込み

```
import QuantLib as ql#数理ファイナンス・ライブラリのインポート
import numpy as np
```

次に，償還期間 n, クーポンレート c_i, 複利最終利回り r, 額面価格 N の 4

つのデータを与えます．本例は確定利付債のため，c_i は期間を通じてすべて等しい支払（受取）額となります．本例では令和4年度個人向け国債新窓販国債367回債（償還期間10年）を参考に，10年債の4条件の設定を下記の通りとしました．

```
#[2]償還期間・クーポン・利回りの設定
n = 3650#償還期間10年
c = 0.002#クーポン・レート
r = 0.013#複利最終利回り
N = 100#額面価格
```

　続いて発行日と償還期間を設定します．発行日を「本日」として，ql.Dateにより [2] の設定が日次データであることを定義します．厳密に国債367回債の発行日を指定する場合は，

　　　start = ql.Date(8,11,2022)

と記述してください．q.Period は時間データの頻度を定義する関数であり，これを用いて「本日」を基準とする日付に償還日数加えることで，2行目で"maturity"を定義することができます．

```
#[3]発行日・償還期間の設定
start = ql.Date().todaysDate()#本日を発行日とする
maturity = start + ql.Period(n, ql.Days)
#[2]nの情報を用い償還期間を設定
```

　最後に確定利付債のための関数である ql.FixedRateBond() を用いてデュレーションを算出します．ql.FixedRateBond の () 内には左から順に，決済日数，決済手段，額面価格，発行日，償還期間，時間頻度，クーポン・レート，年間の営業日数を入力します．TARGET は Trans-European Automated Real-time Gross Settlement Express Transfer の略です．本例の決済手段はこれを入力し，債券決済期間として2営業日（$T+1$）を入力しています．利回り（rate）の場合は ql.InterestRate() を用い，最終利回り，年間営業日数，複利か否か，年率か否か，を順に指示します．年間営業日数は365日 ql.Actual365Fixed() と360日 ql.Actual365Fixed() いずれの算出方法も指定可能ですが，本例では

前者を用いています．ちなみに割引債のデュレーションを算出する場合には ql.ZeroCouponBond()，変動利付債の場合には ql.FloatingRateBond() を用います．詳細は，https://quantlib-python-docs.readthedocs.io/en/latest/instruments/bonds.html を参照してください．

#[4]デュレーションの算出

```
bond = ql.FixedRateBond(2, ql.TARGET(), N, start,
maturity, ql.Period('1Y'), [c], ql.Actual365Fixed())
#左から順に，決済日数・決済手段・額面・発行日・償還期間・頻度を設定
rate = ql.InterestRate(r, ql.Actual365Fixed(),
ql.Compounded, ql.Annual)
# 左から順に，利回り・年間営業日数・複利・年間利回りを順に設定
norm_duration = ql.BondFunctions.duration(bond, rate,
ql.Duration.Simple) #デュレーションの算出
mod_duration = ql.BondFunctions.duration(bond, rate,
ql.Duration.Modified) #修正デュレーションの算出
mac_duration = ql.BondFunctions.duration(bond, rate,
ql.Duration.Macaulay) #マコーレー・デュレーションの算出
```

　ちなみに本例では，10年債以外に，令和4年度個人向け国債第147回債（償還期間3年）の3年債の修正デュレーションとマコーレー・デュレーションも算出してみました．この3年債と10年債の修正デュレーションとマコーレー・デュレーションの算出結果は下記の通りです．

#[5]デュレーション算出結果の表示

```
print('modified_duration:{}'.
format(np.round(mod_duration,decimals=3))) #算出結果の表示
print('macaulay_duration:{}'.
format(np.round(mac_duration,decimals=3)))
```

3年債デュレーション算出結果

```
modified_duration:2.984
macaulay_duration:2.990
```

10年債デュレーション算出結果

```
modified_duration:9.765
macaulay_duration:9.892
```

　上記の算出結果を見ると，前節において示された通り，演算結果においても，償還期間が長い債券ほど，修正デュレーション，マコーレー・デュレーション，ともに大きな値であることがわかります．

　債券投資の場合，投資家は短期・長期の２種類の債券投資がありえます．償還期間が長期の債券投資を行った場合にも，最終利回りの価格動向次第では，短期的に売却することが可能です．このため，デュレーションの大小により，投資家は市場リスクを自らが選択できることになりますが，短期債を選択した時点で，この債券投資はリスク回避型となります．換言すれば，債券購入後に市中金利の低下（上昇）が進行すれば，長期債の場合は，価格上昇（下落）度がより大きいため，投資収益率は改善（悪化）します．デュレーションが小さい短期債の場合は，市中金利の変動がもたらす債券価格への影響は小さくなります．このため，市中金利の動向の行方，見通しが，この償還期間の選択に影響を与えることになります．

7.4　債券コンベクシティの理論と実装

7.4.1　曲線のリターンとリスク

　図 7.1，7.2 を見ると，債券利回り価格曲線には，文字通り，デュレーションの直線に対し，大なり小なり，緩やかなカーブが存在することがわかります．債券利回り価格曲線のデュレーションは，これを計測することで，投資家は，複数の債券利回りの変化の価格への影響を比較することができます．しかし，厳密には，利回り価格曲線は原点に対して凸状の曲線であるため，デュレーションの算出結果のみを用いて，債券価格の変動額を計算した場合，誤差が生じる場合があります．特に凸型の形状が極端である場合には，この誤差は債券投資の収益管理に際し大きな問題となります．この問題を補うため，債券価格分析ではデュレーションに加えて，コンベクシティを計測することで，この誤差の解消，すなわち利回り変化がもたらす価格変動の正確な計測を試みています．

　図 7.3 の網掛け部分がコンベクシティの大きさに相当します．点線で示されるデュレーションは，利回り上昇（下落）に対する価格下落（上昇）の大きさ

を示します. これに対し, コンベクシティの大きさは, この面積が大きいほど, (A)利回り上昇時には債券価格は点線の傾きほどには下落せず, (B)利回り下落時には, 点線の傾き以上に債券価格が上昇することを意味します. それゆえ, このコンベクシティの大きな債券に投資することは, 投資家にとって市場リスクを軽減し, リターンを後押しする選択であることになります.

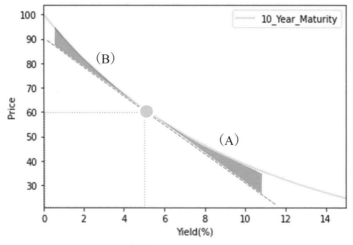

図7.3 債券価格の変化とコンベクシティ

7.4.2 コンベクシティの算出

デュレーションが, 債券利回り価格曲線を利回りで微分して傾きを求めるのに対し, コンベクシティは, この傾きがどの程度大きく (小さく) なるのかを算出することになります. このため, コンベクシティの算出方法は, 債券利回り価格曲線を2階微分, すなわち式 (7.7) の修正デュレーションをさらにもう一度微分した値を P で除することで求められます.

$$コンベクシティ\ CVX = \frac{1}{(1+r)^2}\left|\frac{\sum_{i=1}^{n}\frac{C_i}{(1+r)^i}\cdot i \cdot (i+1) + \frac{n \cdot N}{(1+r)^n}(n+1)}{P}\right|$$

$$(7.9)$$

ちなみに債券利回り価格関数 $P(r)$ において, 利回りの変化 Δr がもたらす債券価格 P への影響は, 次のようなテイラー展開による近似が可能となります.

$$\Delta P = \frac{dP}{dr} \cdot \Delta r + \frac{1}{2!} \cdot \frac{d^2 P}{d^2} \cdot (\Delta r)^2 + \cdots \quad (-\infty < \Delta r < \infty) \qquad (7.10)$$

式（7.10）は，両辺を P で割ることにより，次の式（7.11）を導出することができます．

$$\frac{\Delta P}{P} = \frac{1}{P} \cdot \frac{dP}{dr} \cdot \Delta r + \frac{1}{P} \cdot \frac{1}{2!} \cdot \frac{d^2 P}{d^2} \cdot (\Delta r)^2 \qquad (7.11)$$

式（7.11）のうち dP/dr はデュレーション（D），d^2P/d^2 はコンベクシティ（CVX）を意味することから，次のように書き換えることができます．

$$\frac{\Delta P}{P} \cong -D \cdot \Delta r + \frac{1}{P} \cdot \frac{1}{2} \cdot CVX \cdot (\Delta r)^2 \qquad (7.12)$$

式（7.12）は，債券価格変動が，コンベクシティに利回り変動分を乗じた値と，コンベクシティに利回り変動分の二乗から構成されることを意味します．この特に利回りの変動が大きい場合は，CVX の大きさを正確に求めることで，債券価格の変化も正確に求められます．

7.4.3 コンベクシティの実装と解釈

ここで紹介するソースコードは GitHub リポジトリの以下のファイルにて閲覧可能です．

```
7_3_bond_convexity.ipynb
```

コンベクシティの算出も前節同様，QuantLib 1.29 を用いて実装します．QuantLib のインストール，QuantLib，NumPy の #[1] ライブラリの読み込み，償還期間（n），クーポンレート（c），複利最終利回り（r），額面価格（N）の **#[2]償還期間・クーポン・利回りの設定**，および **#[3]発行日・償還期間の設定** は前節と同じため，説明を省略します．本節においても，令和4年度個人向け国債第147回債（償還期間3年），同新窓販国債367回債（償還期間10年）を参考に，3年債と10年債の4条件を設定し，償還期間の違いによるコンベクシティの違いを確認してみます．

#[4]コンベクシティの算出 では ql.FixedRateBond() と ql.InterestRate() により，前節同様，債券と利回り諸条件を設定した後，3行目に ql.BondFunctions.convexity() を記述し，1行目と2行目の債券と利回りの変数名 bond と rate を入力します．

＃[4]コンベクシティの算出

```
bond = ql.FixedRateBond(2, ql.TARGET(), N, start,
maturity, ql.Period('1Y'), [c], ql.Actual360())
#決済日数・決済手段・額面・発行日・償還期間・頻度を設定
rate = ql.InterestRate(r, ql.Actual360(), ql.Compounded,
ql.Annual)#利率・年間営業日数・複利・年間利回りを設定
cvx = ql.BondFunctions.convexity(bond, rate)
#コンベクシティの算出
```

　最後に3年債と10年債のコンベクシティの算出結果を可視化するための
ソースコードを記述します.

＃[5]コンベクシティ算出結果の表示

```
print('convex:{}'.format(np.round(cvx,decimals=3)))
#算出結果の表示
```

> **3年債コンベクシティ算出結果**
> convex:11.667
> **10年債コンベクシティ算出結果**
> convex:105.689

　算出結果を見ると, 多くの文献で指摘される通り, コンベクシティは最終利
回りが高く, 償還期間が長い債券ほど大きいことがわかります[*18]. この指摘は,
投資家は, 利回りの水準が高い長期債を購入するほど, 利回りが変動した場合
に, リスクに比べてリターンが大きくなることを意味しています.

---

*18：例えば服部孝洋 (2020)「コンベクシティ入門─日本国債における価格と金利の非線形─」『ファ
　　イナンス』2020年12月号, 財務総合研究所.

第8章

金利の期間構造モデル

8.1 金融市場の種類

　金融資本市場の発展が進んだ国・地域では，金融市場の金利は期間構造を形成します．しかし，償還期間が10年の発行市場が最も証券の発行額が多い国もあれば，5年の市場が最も大きい国・地域もあります．中央銀行が公開市場操作を行うのは，どの国・地域でも主として銀行間市場（インターバンク市場）です．このインターバンク市場の金利が，中央銀行の金融調節により政策目標水準へ誘導されることで，オープン市場の金利が裁定され，更には償還期間がより長い債券市場へも波及するトランスミッション・メカニズムは古今東西，共通です．

　図8.1は日本と米国の金融市場の概観図を示しています．金融市場は，短期金融市場と長期金融市場に区分され，前者はさらにインターバンク市場とオープン市場に分類されます．後者の長期金融市場は公社債市場と株式市場に区分されます．発行市場では，短期金融市場は期間が半日から一年未満の証券が発行され，長期金融市場の公社債市場では一年を超える償還期間の証券が発行されます．発行された公社債は，一日ずつ残存期間が短縮します．このため，長期金融市場で発行された長期債でも，流通市場では残存期間が一年未満に迫った債券が多数取引されます．インターバンク市場にはコール市場や手形市場があり，これらの市場は，主として商業銀行同士が短期資金を貸借する市場です．中央銀行の「伝統的な」金融政策では，このインターバンク市場で中央銀行の金融調節が行われることで，短期金利が政策金利目標に誘導され，同じ償還期間を持つオープン市場の金利にこの影響が及びます．オープン市場は，コマーシャル・ペーパー市場（CP市場）や譲渡性預金市場（CD市場）等から構成される，非金融一般事業会社が短期資金調達を行う市場です．

　短期金融市場ではオーバーナイト金利から残存期間1年未満，長期金融市場では残存期間1年超から30年超物まで，各流通市場では様々な償還期間を持

(1)　日本

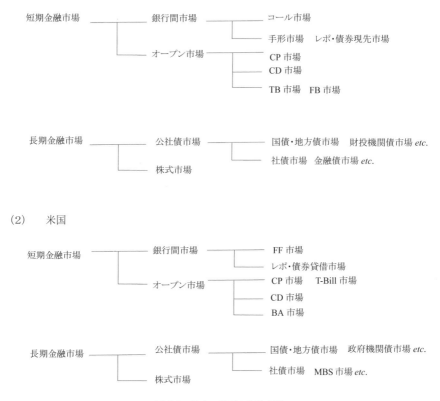

(2)　米国

図 8.1　日本・米国の金融市場

つ証券が売買されます．金利の期間構造を象徴するイールドカーブとは，短期
金融市場と長期金融市場の，期間半日から 30 年超の残存期間（償還期間）が
異なる証券の金利水準をつなぎ合わせた曲線を指します．この金利の期間構造
の傾きが急になったり，緩やかになったり変化することで，家計部門，企業部
門，政府部門の社会経済活動が，様々な影響を受けます．短期金利の水準に変
化がなくとも，長期金利が上昇すれば，住宅ローン金利の変動を通じて，家計
部門の住宅購入の意思決定や購入後の利払い額に影響します．企業部門では，
長期金利の上昇は，銀行借入や社債発行といった設備投資の資金需要に影響し

ます．また，政府部門では，1%の長期金利の上昇は，約4兆円の国債利払い負担増をもたらすとも言われます．この金利の期間構造，すなわち短期金利から長期金利にかけての関係がどのような関係であるかは，これまで主として3つの仮説が提唱されてきました．

8.2 金利の期間構造

8.2.1 3つの仮説

金利の期間構造において，イールドカーブの傾きが常に変化し続ける理由はなぜなのか．現代ファイナンス理論では3つの仮説が提唱されています．このうち最もよく知られる純粋期待仮説は，次のように説明されています．まず1年後と2年後に満期を迎える2種類の利付債が存在すると仮定します．このとき前者のスポットレートの利回りは $(1+r)$ であり，後者のそれを $(1+\rho)^2$ とします．未だ確定していない1年債の2年目のフォワードレートの利回りを $(1+r^*)$ とすると，満期1年の債券を2年目に再度購入すると $(1+r) \times (1+r^*)$ のリターンが得られます．このとき，1年債を2度購入する場合と2年債を1度購入する場合のどちらが投資収益率の上で有利か，無数の投資家がこれらのいずれかに投資することで両者はいずれ裁定されることになります．

$$(1+r)(1+r^*) = (1+\rho)^2 \tag{8.1}$$

式 (8.1) を展開すると，

$$1 + r + r^* + r \times r^* = 1 + 2\rho + \rho^2 \tag{8.2}$$

となり，式 (8.2) の $r \times r^*$ および ρ^2 は，小数第2位以下の数値を2度乗じていることから，これらをゼロで近似すると次式が得られます．

$$\rho \fallingdotseq \frac{r + r^*}{2} \tag{8.3}$$

すなわち式 (8.3) は，満期2年の債券利回りは満期1年の利回りの単純平均に等しいと解釈することができます．純粋期待仮説はこれを拡張し，満期 n 年の債券利回り $\rho(n)$ は，現時点から n 年後までの1年債利回りの単純平均値に近似すると解釈しています．

$$\rho(n) = \frac{r + r_1{}^* + \cdots + r_{n-1}{}^*}{n} \tag{8.4}$$

要するに純粋期待仮説では，市場参加者が将来の $r_1{}^*$，$r_2{}^*$，$r_{n-1}{}^*$ の金利が

上昇すると「期待」すれば，イールドカーブの傾きは上昇し，下落すると「期待」すればその傾きは緩やかになる，と考えられています.

　2つめの仮説である流動性プレミアム仮説では，長短金利差は，金融資産の流動性の違いを補うための対価であると説明されています. 債券市場や定期預金では，満期まで資産を保有することを前提として，満期が短い金融資産よりも高い利回りが保証されています. 例えば1年債は1年ごとに償還されるため，1年後には利回りと元本双方を用いる再投資が可能となります. 他方，1年超の長期債の場合，仮によりよい投資案件があったとしても，元本が満期を迎えるまで再投資することはできません. このため，1年債よりも償還期間が長い債券の場合，1年債の利回りにこの流動性が制限されることの対価である流動性プレミアムが上乗せされるため，イールドカーブは右上がりになると考えられています. 換言すれば，長期債の元本を再投資する場合の期待収益率が上昇（低下）すれば，流動性プレミアムも上昇（低下）し，イールドカーブの傾きも上昇（低下）する，ということになります.

　最後に3つめの仮説である市場分断仮説は，図8.1の各金融市場ごとに金融資産の償還期間が異なるために，市場参加者も異なり，これが金利の期間構造を生み出していると説明しています. 図8.1に示される通り，先進主要国の短期金融市場と長期金融市場には様々な市場が形成されています. 定期預金に比べ普通預金の預入割合が大きい商業銀行の場合，負債は短期資金の比率が高いことから，金融市場での運用もこの影響を受けます. 他方，保険会社や年金基金の場合，若年層の顧客から受け取った掛け金の支払いは，概ねこれらの顧客が高齢化する数十年後に拠出される確率が高いと考えられます. このため，これらの機関投資家が保有する金融資産の償還期間は必然的に長期化する傾向が強まります. 市場分断仮説では，市場参加者の投資対象期間がこのように異なり，それぞれの市場で需給バランスも異なることから，イールドカーブが形成されると考えられています.

8.2.2　米国金利の期間構造
　米財務省のホームページでは，毎日の債券市場のイールドカーブのデータが，

公開されています[*19]．本節ではこのデータを用いて，過去 20 年間の米国金利の期間構造の変化を確認します．最初に，pandas と Matplotlib をインポートします．

┏━━━━━━━━━━━━━━━━━━━━━━━━┓
#[1]ライブラリの読み込み
┗━━━━━━━━━━━━━━━━━━━━━━━━┛

```
import pandas as pd
import matplotlib.pyplot as plt
```

　続いて，2002 年 8 月から 2022 年 8 月まで，5 年間隔での米国イールドカーブのデータを取得します．米財務省の HP では CSV でデータが公開されているため，同 HP から直接読み込むことも可能ですが，以下ではあらかじめ整理されたデータを GitHub から読み込み，このデータフレーム名を df と定義します．

┏━━━━━━━━━━━━━━━━━━━━━━━━━━━┓
#[2]米国財務省証券データの読み込み
┗━━━━━━━━━━━━━━━━━━━━━━━━━━━┛

```
url = "https://github.com/nagamamo/ustreasury/blob/main/
US_TB_term_structure.csv?raw=true"#Git-hub から CSV データの入手
df = pd.read_csv(url)#データフレームの定義
```

　このデータを Matplotlib を用いて可視化するソースコードが以下です．イールドカーブは，2002 年 8 月 12 日，2007 年 8 月 10 日，2012 年 8 月 10 日，2017 年 8 月 11 日，2022 年 8 月 11 日の 5 時点をプロットしています．

┏━━━━━━━━━━━━━━━━━━━━━━━━━━━━━┓
#[3]米国 2002-2022 年イールドカーブの可視化
┗━━━━━━━━━━━━━━━━━━━━━━━━━━━━━┛

```
plt.plot(df['Date'],df['Aug11_2022'],lw=3,color =
'red',label="Aug11_2022")#2022 年 8 月 11 日のイールドカーブ
plt.plot(df['Date'],df['Aug11_2017'],lw=3,color =
'blue',linestyle = "dashed",label="Aug11_2017")
#2017 年 8 月 11 日のイールドカーブ
plt.plot(df['Date'],df['Aug10_2012'],lw=3,color =
'orange',linestyle = "dashdot",label="Aug10_2012")
```

---

*19：本章事例以外の日時のイールドカーブのデータ取得は，https://home.treasury.gov/resource-center/data-chart-center/interest-rates/TextView?type=daily_treasury_real_yield_curve&field_tdr_date_value=2022 から取得可能です．

```
#2012 年 8 月 10 日のイールドカーブ
plt.plot(df['Date'],df['Aug10_2007'],lw=3,color =
'purple',linestyle = "dotted",label="Aug10_2007")
#2007 年 8 月 10 日のイールドカーブ
plt.plot(df['Date'],df['Aug12_2002'],lw=3,color =
'lightgrey',label="Aug12_2002")
#2002 年 8 月 12 日のイールドカーブ
plt.xlabel("Maturity")
plt.ylabel("Yield(%)")
plt.legend(bbox_to_anchor=(1, 0), loc='lower right',
borderaxespad=1, fontsize=8)
```

　この過去 20 年の米国金利の期間構造を見ると，次の特徴が表れています．
まず 5 時点のうち，最も長短金利差が大きいのが，G. W. ブッシュ政権第 1 期
の 2002 年 8 月 12 日です．5 年後の 2007 年 8 月 10 日は，サブプライム危機発
生の 1 カ月前ですが，長期金利の水準は 5 年前と変わらないものの，短期金利
が 5 年前に比べて，上昇しています．この理由は，2006 年 2 月のベン・バー
ナンキ議長就任以降，金融政策スタンスが緩和から引き締めへ転換されている
ためです．

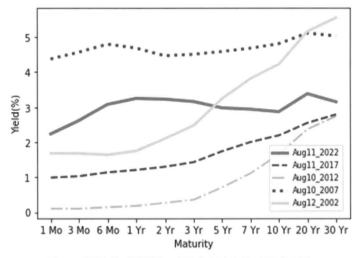

図 8.2　米国金利の期間構造の変遷（2002 年 8 月〜2022 年 8 月）

2008年9月のリーマン危機により，連邦準備制度理事会は，量的緩和政策を採用せざるをえない状況に追い込まれ，2012年8月の短期金利は歴史的な低水準にあります．興味深い点は，その後，2017年から2022年にかけて，連邦準備制度理事会のFF金利の誘導目標が1〜2％台前半へ上昇した後も，長期金利の水準はこの間，短期金利の上昇に比べ，上昇していない点です．現代ファイナンス理論では，こうした金利の期間構造の変化が，市場参加者の期待形成に因るためであるのか（純粋期待仮説），利付債，割引債以外の金融資産の期待収益率の変化が理由であるのか（流動性プレミアム仮説），そもそも市場参加者が異なることが原因であるのか（市場分断仮説），が議論されてきたことになります．

8.3　金利の期間構造モデル

本節で紹介するソースコードはGitHubリポジトリの以下のファイルにて閲覧可能です．

```
8_1_nelson_siegel_model.ipynb
8_2_hull_white_model.ipynb
```

8.3.1　パラメトリック・モデル

金利の期間構造を正確に予測することができれば，債券投資のリターンを大きく改善させることができます．また，株式投資においても，将来の無リスク資産利回り（国債利回り）を予測できれば，金融資産選択において許容可能なリスクの大きさも正確に把握することができます．さらに，第9章で説明される通り，外国為替レート決定理論では，期待為替レートにも，2カ国の長期金利の変化は大きな影響を与えます．こうしたファイナンス理論を取り巻く背景において，これまで先行研究では，数々の金利の期間構造モデルが提唱されてきました．金利の期間構造モデルは大別すると，パラメトリック・モデルと確率論モデルの2種類があります．それぞれの手法は，分析や実務の現場では，目的と用途により使い分けられています．

パラメトリック・モデルは，前節で示した金利の期間構造を，それに影響を与える複数のパラメータを推計することで，イールドカーブの変動要因を説明するためのモデルです．もっともよく知られる手法のひとつが，米ワシントン

大学（1987年論文発表当時）のチャールズ・ネルソン教授とアンドリュー・シーゲル教授が開発したネルソン＝シーゲル・モデル（Nelson=Siegel Model）です[20]．現在の金融機関や投資信託会社のリサーチ業務では，イールドカーブの理論値を推計する際には，このネルソン＝シーゲル・モデルが頻繁に用いられます．この手法は，金利の期間構造の計測に正確性を求めるというよりは，金利の期間構造と他の変数間との因果関係を検証するといった用途に用いられます．逆にデリバティブズをはじめとする金融商品の時価評価には，確率論モデルが用いられます．その理由は，確率論モデルは，各償還期間の市場金利水準について，それ以上の裁定取引が起こらない状況の金利理論値を，正確に算出しているためです．ただし，確率論モデルは，何がその金利変動に影響をもたらしているのかといった因果関係を検証することに難点があります．

ネルソン＝シーゲル・モデルは，任意のある時点から将来時点までの金利を，多項式を用いて表現する手法です．このモデルは，任意のある時点から将来時点という2つの時点を，限りなく接近させた時の金利，瞬間フォワードレート $f(m)$ を，次の式（8.5）として定式化しています．

$$f(m) = \beta_0 + \beta_1 \exp\left(-\frac{m}{\tau}\right) + \beta_2 \frac{m}{\tau} \exp\left(-\frac{m}{\tau}\right) \tag{8.5}$$

ここでは，β_0：長期要因，β_1：短期要因，β_2：中期要因のパラメータ，m：償還期間，τ：構造要因のパラメータ，です．つまり，式（8.5）の瞬間フォワードレート $f(m)$ は，定数項の長期要因（β_0）と，償還期間（m）と構造要因（τ）の比率に短期的ウェイト β_1，中期的ウェイト β_2 を乗じた3つの項から構成されることを意味します．この式（8.5）を用いて，推計可能な次のモデル（8.6）を導出することで，各償還期間ごとの金利 $r(m)$ を求めます．

$$r(m) = \beta_0 + (\beta_1 + \beta_2)\left\{1 - \exp\left(-\frac{m}{\tau}\right)\right\}\frac{m}{\tau} - \beta_2 \exp\left(-\frac{m}{\tau}\right) \tag{8.6}$$

ネルソン＝シーゲル・モデルやビョルン＝クリステンセン・モデル等のパラメトリック・モデルの推計には，PyCurve 等の複数のパッケージがあります．本節では，PyCurve 0.1.4 による実装の事例を示します．

まずパッケージのインストールを行った後，PyCurve からネルソン＝シー

---

[20]：Nelson, Charles. R., & Andrew F. Siegel, (1987), "Parsimonious Modeling of Yield Curves," *Journal of Business*, Vol. 60, pp. 473-489.

ゲル・モデル推計用のライブラリを NumPy とともにインポートします.

第8章ネルソンシーゲルモデル　☆

ファイル　編集　表示　挿入　ランタイム　ツール　ヘルプ

＋ コード　＋ テキスト

```
[ ] pip install PyCurve
```

[1]ライブラリの読み込み

```
from PyCurve.curve import Curve
#イールドカーブ分析ライブラリをインポート
from PyCurve.nelson_siegel import NelsonSiegel
#モデル推計ライブラリをインポート
import numpy as np
```

続いてイールドカーブの償還期間（*time*）と利回り（*rate*）の２変数の初期値を，直近の債券市場のデータから設定します．本例では，償還期間は最大30年としています．

[2]データ初期値の設定

```
time = np.array([0.25,0.5,0.75,1.,2.,3.,4.,5.,10.,15.,
20.,25.,30.])#償還期間
rate = np.array([-0.532,-0.530,-0.534,-0.516,-0.501,
-0.498,-0.488,-0.313,-0.102,0.183,0.330,0.392,0.412])
#直近の利回り
curve = Curve(time,rate) #2変数によるイールドカーブの構築
```

最後にパラメータ β_0，β_1，β_2，τ の初期値を与え，キャリブレートすることで，パラメータが推定されます.

＃[3]ネルソン＝シーゲル・モデルの推計

```
ns = NelsonSiegel(0.3,0.4,12,1)#パラメータの初期値を設定
ns.calibrate(curve)#NS モデルの推計

Nelson Siegel Model
=============================
beta0 = 0.7520934553348047
beta1 = -1.2558210273712136
beta2 = -1.650443314839586
tau = 3.1635962850984387
=============================
Calibration Results
=============================
CONVERGENCE: NORM_OF_PROJECTED_GRADIENT_<=_PGTOL
Mean Squared Error 0.012469766603992022
Number of Iterations 24
```

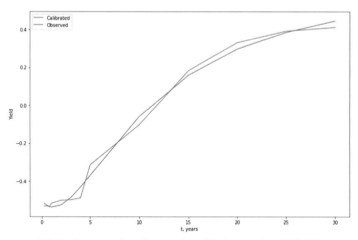

図8.3　ネルソン＝シーゲル・モデルによるイールドカーブ算出結果

8.3.2　確率論モデル

確率論モデルは，数理解析を専門とする研究者や，実務の現場のクオンツら

により，理論的な枠組みや手法が発展を遂げてきました．確率論モデルには，ショートレート・モデル vs. フォワードレート・モデル，という2つの象徴的な手法の枠組みがあります．

　ショートレート・モデルは，限りなく短い償還期間の金利，瞬間フォワードレートの確率過程をモデル化することで，将来のフォワードレートの水準を算出し，イールドカーブ全体を推計する手法です．ショートレート・モデルは，本章第2節の式（8.1）での純粋期待仮説の考え方と同様に，長期債投資の利回りが，短期債投資の利回りを複数回繰り返すことで裁定されることを前提としています．あらかじめ与えられる短期金融市場の瞬間フォワードレートを起点として，将来の長期フォワードレートを順次算出することで，イールドカーブ全体を導出します．

　1977年にオーランド・バシチェック氏が *Journal of Financial Economics* 誌において発表したバシチェック・モデルは，ショートレート・モデルの嚆矢として最もよく知られる，ウィナー過程がひとつのワンファクター・モデルです[21]．バシチェック・モデルは，短期金利の変動が次の確率微分方程式にしたがうと考えています．

$$dr(t) = \{\theta - ar(t)\} dt + \sigma dW(t) \qquad (8.7)$$

ここで θ, a, σ は正の定数であり，$W(t)$ はリスク中立測度のもとでの d 次元のウィナー過程を意味する変数です．この3つの正の定数のうち，θ は短期金利が長期的に収束する水準，a はこの長期的な収束に要する回帰速度，σ は金利ボラティリティです．要するに，式（8.7）のバシチェック・モデルは，短期金利 r は長期的には θ の水準へ収束し，この θ には a の速度（時間）で収束することを定式化しています．それとともに，右辺第2項は，θ の周りを変動する幅は時間の経過とともに拡大する，という変動パターンを表現しています．

　この確率微分方程式を，初期値を $r(0)$ として解くと次の解が得られます．

$$r(t) = r(0)e^{-at} + \theta(1 - e^{-at}) + \sigma e^{-at}\int_0^t e^{as}dW_s \qquad (8.8)$$

　式（8.8）のウィナー過程 dW_s を含む第3項は，この確率微分方程式から得

---

[21]：Vašíček, Oldřich, (1977), "An Equilibrium Characterization of the Term Structure," *Journal of Financial Economics*, Vol. 5, pp. 177-188.

られる金利水準 $r(t)$ の分布を説明する項です．換言すれば，この項は，平均値が 0 である金利水準 $r(t)$ を中心として，どの程度の分散が生じうるかを示しています．このため，式（8.8）が求める金利水準 $r(t)$ の長期的な収束値には影響を与えません．式（8.8）式は，t が∞まで拡大するにつれ，第 2 項に含まれる θ への収束へ向かうこととなります．

　トロント大学のジョン・ハル教授とアラン・ホワイト教授は，このショートレート・モデルのバシチェック・モデルを発展させ，この成果を 1990 年に発表しています[22, 23]．この 1990 年当時のハル＝ホワイト・モデルの原型は，短期金利の変動が次の確率微分方程式にしたがうとしています．

$$dr(t) = \{\theta(t) - a(t)r(t)\} dt + \sigma(t) dW(t) \qquad (8.9)$$

　バシチェック・モデルとハル＝ホワイト・モデルの違いは，後者は短期金利の長期的な水準である θ，そしてこの回帰（収束）速度 a，金利ボラティリティ σ が，定数ではなく時間 t に依存すると考えている点です．ハル＝ホワイト・モデルでは，式（8.9）を直近のイールドカーブとそのボラティリティの実績値に整合させるパラメータを推計した後に，金利の期間構造を算出するという手順を踏みます．具体的には，まず θ をイールドカーブの実績値から算出し，次に a を任意に与え，σ をキャリブレーションにより推計します．

　ひとつの瞬間フォワードレートから無数の中長期金利を算出するショートレート・モデルに対し，フォワードレート・モデルは，複数の償還期間を持つフォワードレートを算出してつなぎ合わせることでイールドカーブを導出するモデルです．LIBOR マーケット・モデルとも称される，ブレイス＝ガタレック＝ムシエラ・モデル（BGM モデル）などが代表例です．例えば LIBOR マーケット・モデルでは，観察可能な複数の償還期間を持つフォワード LIBOR が幾何ブラウン運動することを前提として，それぞれの償還期間ごとの金利水準が，モデルから算出されます．これらの算出された償還期間が異なる複数（無数）の金利をつなぎ合わせた曲線が，イールド・カーブとなります．

　カーネギーメロン大学教授のデビット・ヒース教授らが開発したヒース＝

---

*22：Hull, John, C., and Alan White, (1990), ""Pricing Interest-Rate Derivative Securities," *The Review of Financial Studies*, Vol. 3, pp. 573-592.

*23：Hull, John, C., and Alan White, (1990), "Valuing Derivative Securities Using the Explicit Finite Difference Method," *Journal of Financial and Quantitative Analysis*, Vol. 25, pp. 87-99.

110　第 8 章　金利の期間構造モデル

ジャロー＝モートン・フレームワーク（HJM フレームワーク）[*24] では以下の式 (8.10) により，短期金利の瞬間的フォワード・レートを与えることで，イールドカーブ全体の瞬間フォワード・レート $f(t, T)$，$0 \leq t \leq T$ が，順次定まると説明しています．

$$df(t, T) = a(t, T)dt + \sigma(t, T)dW(t) \qquad (8.10)$$

ここでは，ある特定の時間区間 $[0, T^*]$ において，a と σ が適合過程にしたがい，$W(t)$ はリスク中立測度のもとでの d 次元のウィナー過程を意味します．式 (8.10) は，あらゆる満期 T の割引債が存在するという考え方を前提としています．式 (8.10) では単純化のため不確実要因をひとつとするワンファクター・モデルを示しています．

本節においても QuantLib 1.29 を用い，ハル＝ホワイト・モデルによる確率論モデルの実装例を示します．まずパッケージのインストールを行った後，QuantLib からライブラリをインポートします．

○co　△第8章ハルホワイト・モデル

ファイル　編集　表示　挿入　ランタイム

≡　　＋ コード　＋ テキスト

Q　　［ ］　pip install QuantLib

#[1]ライブラリの読み込み

```
import QuantLib as ql #QuantLib ライブラリのインポート
import numpy as np
import matplotlib.pyplot as plt
```

続いてハル＝ホワイト・モデルの各初期値を設定します．初期値の設定が必要とされるのは，式 (8.9) の短期金利の平均回帰（収束）速度 a，金利ボラティ

---

*24：Heath, David, Robert Jarrow, and Andrew Morton, (1992), "Bond Pricing and the Term Structure of Interest Rates : A New Methodology for Contingent Claims Valuation," *Econometrica*, Vol. 60, pp. 77-105.

リティ sigma，一年間の日数 days_a_year，最長償還期間 maturity，フォワードレート初期値 forward_rate，今日の日付 today です．

```
a = 0.05 #金利の平均回帰速度
sigma = 0.05 #金利ボラティリティ
days_a_year = 360 #一年間の日数
maturity = 30 #イールドカーブの最長償還期間
forward_rate = 0.05 #フォワードレート初期値
num_days=ql.Thirty360(ql.Thirty360.BondBasis)
#QuantLib 日数の定義
today = ql.Date(3,3,2023) #今日の日付
```

[2] において設定した初期値を用いて，[3] において，まず一様分布からイールドカーブ初期値を導出します．そして [4] ではこの初期イールドカーブをインプットすることでガウス分布に基づく乱数を発生させます．

 # [3] イールドカーブ導出の前処理

```
ql.Settings.instance().evaluationDate=today #試算実施日の設定
initial_curve=ql.FlatForward(today,ql.QuoteHandle
(ql.SimpleQuote(forward_rate)),num_days) #一様分布での初期設定
initial_curve_handle=ql.YieldTermStructureHandle
(initial_curve) #初期期間構造の導出
```

 # [4] ハル＝ホワイト・モデルに基づく金利演算の発生

```
hull_white=ql.HullWhiteProcess(initial_curve_
handle,a,sigma) #初期期間構造を HW 過程へ変換
gauss_random=ql.GaussianRandomSequenceGenerator
(ql.UniformRandomSequenceGenerator(days_a_year,ql.
UniformRandomGenerator()))#一様分布からガウス分布の乱数生成
gauss_path=ql.GaussianPathGenerator(hull_white,maturity,
days_a_year,gauss_random,False)
#HW 過程に基づく金利算出シミュレーションの定式化
```

続いて，モンテカルロ法により，[4] で生成したガウス分布にしたがう乱数

を用いて, 短期金利からイールドカーブ算出を複数回実施する式を定義します.

```
def generate_paths(num_paths,days_a_year):
  arr=np.zeros((num_paths,days_a_year+1))
  for i in range(num_paths):
    model_path=gauss_path.next()
    path=model_path.value()
    time=[path.time(j) for j in range(len(path))]
    value=[path[j] for j in range(len(path))]
    arr[i,:]=np.array(value)
  return np.array(time),arr
```

　最後に, モンテカルロ法による演算回数を設定し, 瞬間短期金利から複数回のイールドカーブ算出を行います. この演算と同時に, ハル＝ホワイト・モデルの理論値も併せて算出します. この理論値は, ロンドン・インペリアル・カレッジのダミアノ・ブリゴ教授とブルームバーグ社グローバル数理分析室総責任者ファビアノ・メルキュリオ博士が 2006 年の著書で示したモデルを [5]6 行目で定義することで算出します (図 8.4).

```
num_paths =500 #繰り返し演算回数の設定
time, paths = generate_paths(num_paths,days_a_year)
#演算回数とデータ頻度の設定
for i in range(num_paths):
  plt.plot(time,paths[i,:],lw=0.8,alpha=0.6)
#シミュレーション結果の可視化
def alpha(forward,sigma, a,t):#理論値算出の定式化
  return forward + 0.5*np.power(sigma/a*(1.0-np.exp
  (-a*t)),2)#理論モデルの定義
plt.plot(time,alpha(forward_rate,sigma,a,time),
"b-",lw=2,alpha=0.6)#理論値の可視化
plt.xlabel("Maturity (Years)")
plt.ylabel("Yield(%)")
```

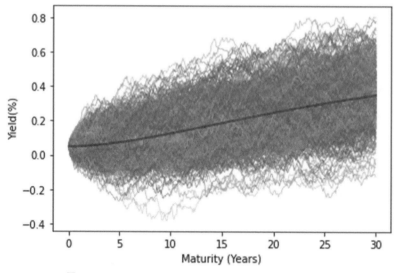

図8.4　ハル＝ホワイト・モデルによるイールドカーブ演算結果

第9章
為替レート決定理論×機械学習

9.1 外国為替レート決定理論

　本章において説明する外国為替レート決定理論は，アセット・アプローチと購買力平価モデルの2種類です．アセット・アプローチは，マネタリー・アプローチとポートフォリオ・バランス・アプローチに分解されます．そして，この理論は，それぞれの国・地域の外国為替市場の状況に応じて，金融機関のミドル・オフィスにおいて，予測作業に用いられます．アセット・アプローチは，金融機関や機関投資家が，主として短中期の為替レートの行方を予測する手法です．これに対し，購買力平価モデルは，長期の為替レートの見通しを分析する際に用いられます．筆者自身も1990年代半ばに輸出企業の委託調査研究で，25年後のドル円レートの予測に，購買力平価モデルを用いました．このように，外国為替レートの予測では，短中期的なモデルがアセット・アプローチ，10年を超える長期的な期間の予測モデルには購買力平価モデルの考え方が採用されます．

　9.2節と9.3節では，まずアセット・アプローチと購買力平価モデルの2つの外国為替レート決定理論のフレームワークを紹介します．これらの理論的枠組みが適用可能であるのは，完全変動相場制を採用し，国境を越える資本取引が可能な国・地域のみです．9.4節では，これらの為替レート決定理論が実装可能な国・地域の条件を説明します．本章の後半では，機械学習を用いたアセット・アプローチ理論の実装例を，ドル円レートと日米長期金利のデータを用いて示します．

9.2 アセット・アプローチ

　アセット・アプローチの名称は，もともと「為替レートは，2つの国・地域の資産（アセット）市場の投資収益率が裁定される水準で決定する」という考え方に由来します．具体的には，日本国内で資産運用した場合の投資収益率を

$R_¥$, 米国向け証券投資により資産運用した場合の投資収益率を $R_$$, ドル円為替レートを $\pi_{¥/$}$ とすると, 下記の金利平価条件が成立する水準へ為替レートは収束すると考えられています.

$$R_¥ = R_$ + \frac{\pi^e_{¥/$} - \pi_{¥/$}}{\pi_{¥/$}} \qquad (9.1)$$

ここでは, $\pi^e_{¥/$}$ と表記される将来の期待為替レートが, 金利平価条件の充足において重要な役割を果たします. すなわち式 (9.1) は, 日本と米国が完全変動相場制のもとで資本取引が自由化されている (対米投資や対日投資に許認可や届出等が存在しない) 場合, 2つの国の投資収益率 $R_¥$ と $R_$$ を裁定させる水準へ $\pi^e_{¥/$}$ が変動することを意味します. そしてこの式 (9.1) は, 第8章で学習した日米2カ国の2つのイールドカーブが期待為替レートに影響を与えることも同時に意味しています. 要するに, 理論を実装する観点から言えば, 第8章で示したアルゴリズムを用いて日米両国のフォワードレートが求められれば, $(\pi^e_{¥/$} - \pi_{¥/$})/\pi_{¥/$}$ は, その2つの金利差を求めることで算出できることになります.

このアセット・アプローチの考え方は, 2つの国の金融資本市場 (資産市場) と外国為替レートの関係を, 次のように整理することができます. 図9.1の横

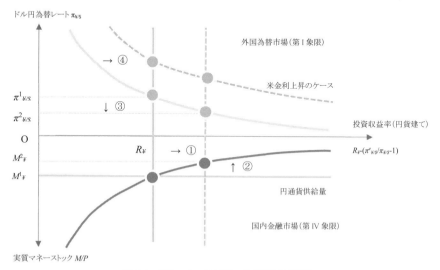

図9.1 アセット・アプローチの理論的枠組み

軸は，円貨建て金利（国債等の無リスク資産の円金利）を示しています．外国人投資家が日本へ投資する場合には，この円金利に式（9.1）の期待為替レート変化率が加わったり，差し引かれたりします．縦軸は上側の第Ⅰ象限がドル円為替レートの水準，下側の第Ⅳ象限が実質マネーストック（実質通貨供給量）を示します．縦軸の為替レートの水準は，上方向ほど1ドル当たりの円レートの数値が大きい，すなわち円安へ向かうことを意味しています．第Ⅰ象限のグラフに示されている右下がりの曲線は，日本の外国為替市場における（日本の居住者・非居住者の）円貨の需要関数です．式（9.1）にしたがえば，円金利が上昇するほど，円貨を保有しようという需要が高まるため，通貨需要曲線は右下がりとなります．第Ⅳ象限の右上がりの曲線は，日本の国内金融市場の（日本の居住者の）円貨の通貨需要関数を意味します．商工業ローン金利や住宅ローン金利が上昇すれば，企業の設備投資，家計の住宅購入が減少するため，需要関数は右上がりになります．

このとき，① 日本の中央銀行（日本銀行）が金融引き締め（$R_¥\uparrow$）を行うと，縦軸に平行（横軸に垂直）な金利直線は右方向へシフトし，第Ⅳ象限の国内金融市場の実質マネーストックは ② $M^1_¥$ から $M^2_¥$ へ減少，交点であるドル円レートの水準も ③ $\pi^1_{¥/\$}$ から $\pi^2_{¥/\$}$ へ，円高方向へ変化します．また図9.1は，第Ⅳ象限の国内金融市場の実質マネーストックは，その国の中央銀行によって誘導することが可能ですが，第Ⅰ象限の外国為替市場の円貨の需要は，その国の中央銀行に加えて，もう一方の国の中央銀行からも影響を受けることを意味しています．日本の中央銀行の金融政策に変化がなく，④ 米国の中央銀行（米連邦準備制度理事会）が金融引き締め（$R_\$\uparrow$）を行う場合には，外国為替市場の通貨需要関数は右側へシフトします．上記の例は，中央銀行の金融政策が変化した場合の例ですが，2つの国の金融政策に変化がない場合にも，両国のイールドカーブのいずれか，もしくは双方が変化した場合には，外国為替レート $\pi_{¥/\$}$ は変化します．それゆえ第8章の金利変動モデルによる2カ国の将来の円金利，ドル金利と，本章のアセット・アプローチによる将来の為替レートは，同時決定すると考えられています．

上記で説明したアセット・アプローチは，厳密には，2カ国の実質マネーストックの限界的な変化が為替レートの水準に影響をもたらすという意味で，マネタリー・アプローチと称されます．そして日本と米国の事例を前提に説明し

た式（9.1）の金利平価条件，図9.1はいずれも，この2カ国のカントリーリスクが低いことを想定しています．しかし，世界の長期金融市場の発行体は，必ずしも例えばムーディーズ社やスタンダード&プアーズ社の国債格付けがトリプルAもしくはシングルA以上の国ばかりではありません．国債の格付けが投資不適格とされるBBB以下の国・地域も多数あります（例えば，2009年のギリシャ危機以降，10年以上，格付けがBBを下回るユーロ建てギリシャ国債の10年債利回りがいくら20%を超える水準が続いていたとしても，日本や米国の投資家がこの国際債券投資を増加させることはありません）．加えて，国際分散投資の現場では，カントリーリスクをはじめとする信用リスクの他に，その外国資産がどの程度まで即時の現金化が可能かといった流動性リスクも，資産負債管理（Asset Liability Management；ALM）上，重視されます．また，世界190カ国の多くの政府は，外貨準備を用いて米国短期財務省証券を購入しますが，それに替わり中国国債を購入することはありません．なぜなら，中国国債は，カントリーリスクは低いかもしれませんが，いつ現金化できるのかが不透明，つまり流動性リスクが高いためです．このように，2カ国間の期待収益率もしくはマネーストックの変化に加え，リスクプレミアムを考慮した実証モデルの考え方がポートフォリオ・バランス・アプローチです．

　実際のところ，為替レートは，市場の期待の影響を過度に受けることもあり，オーバーシュートと呼ばれる行き過ぎた水準への変動がしばしば観察されます．このため，現実の外国為替市場においてアセット・アプローチが成立するかは，必ずしも肯定的な見解を持たない市場参加者も多数います．その一方で，時系列モデルを用いて，この理論モデルの妥当性を実証した先行研究もたくさんあります．例えばサスカチュワン大学のデビット・クシュマン教授らは1995年の論文において，ユーロ通貨統合前のスペイン・ペセタやポルトガル・エスクードといった南欧通貨は，実質金利と実質為替レートとの間に，長期安定的な共和分関係が存在する実証結果を報告しています[25]．またドル円レートについては，永野（1997）が1974年から1995年までの四半期データを用い，クシュマン他（1995）と同様の検証方法を用いることで，実質金利と実質為替

---

[25]：Cushman, David, Sang Sub Lee, and Thorsteinn Thorgeirsson (1996), "Maximum Likelihood Estimation of Cointegration in Exchange Rate Models for Seven Inflationary OECD countries," *Journal of International Money and Finance*, Vol. 15(3), pp. 337-368.

レートとの間に長期安定的な共和分関係が存在することを報告しています[*26].

9.3 購買力平価モデル

例えば，トヨタ・レクサスを愛知県と米国ケンタッキー州で生産する場合，米国の消費者物価上昇率が日本よりも高ければ，いずれひとつの同じ製品（トヨタ・レクサス）の価格が異なる状況が生まれます．このため，価格がより低い日本で生産し，米国へ輸出することで製品サービス市場で，価格が裁定され，「一物一価の法則」が成立する状況が促されます．この過程で，2国間の為替レートはこの裁定活動とともに2つの国の製品価格が同水準になる方向へ変化するため，購買力平価は長期的には成立すると考えられてきました．ただし，繰り返し述べるように，外国為替レートは，一方向へ行きすぎるオーバーシュートと呼ばれる状況がたびたび発生します．そして，製品サービス市場は金融サービス市場よりも，供給と需要の調整に時間を要することから，購買力平価モデルを用いて短期的な為替レートを予測する分析者はほとんどいません．

購買力平価モデルは，そもそも2つの国・地域のマクロ経済全体の物価水準が等しくなる水準へ為替レートが変動するのか，あるいはある一時点から物価上昇率の変動分のみ為替レートが調整されるのか，これら2種類の考え方があります．前者の絶対購買力平価は，現実的にはサービス業などの非貿易財が存在するため，2カ国の物価水準が等しくなることとはほぼ不可能です．それゆえ，「購買力平価」基準により，あるべき水準の為替レートが算出される場合には，多くの場合，後者の相対的購買力平価の考え方が採用されます．日本においても，1973年2月以降，固定相場制度期の為替レートから，日米の物価上昇率の差を割り引くことで，相対的購買力平価を算出して，これを「購買力平価」と称するケースがほとんどです．

購買力平価は，次の恒等式が長期的には成立することを想定しています．ここで P_{US}, P_{JP} は米国，日本の消費者物価です．

$$絶対的購買力平価 \quad \pi_{¥/\$} = \frac{P_{US}}{P_{JP}} \qquad (9.2)$$

---

*26：永野　護（1997）「為替レート変動の非定常性の分析」『日本経済研究』35号，1997年12月，2-25頁.

$$相対的購買力平価 \quad \Delta\pi_{¥/\$} = \frac{\Delta P_{US}}{\Delta P_{JP}} \tag{9.3}$$

山藤（1996）や藪（2007）など，ドル円レートを標本とする先行研究では，調整に時間を要するものの，長期的には日本と米国の物価上昇率の差異とドル円レートには，共和分関係，すなわち長期安定的な関係が存在することを支持しています[*27]．またアラスカ大学のピッペンガー教授らは1997年に発表した研究において，物価上昇率が低いスイスの通貨，スイスフランは対USドルのみならず英ポンド等の他の欧州通貨に対しても，物価上昇率の格差との間で長期安定的な共和分関係が存在するとの実証的証拠を提示しています[*28]．

以上の理論的枠組みを反映し，外国為替レートの変動を推計する場合，次の実証モデルが採用されます．ここで Rp はカントリーリスクやリーガルリスク等の，リスクプレミアムの大きさ，μ は誤差項です．

$$\Delta\pi_{¥/\$} = \varphi_0 + \varphi_1 \underbrace{(\Delta P_{US} - \Delta P_{JP})}_{購買力平価要因} + \varphi_2 \underbrace{(R_\$ - R_¥)}_{\substack{マネタリー・\\アプローチ要因}} + \varphi_3 \underbrace{Rp}_{\substack{ポートフォリオ・バランス・\\アプローチ要因}} + \mu \tag{9.4}$$

アセット・アプローチ要因

9.4 通 貨 制 度

9.4.1 固定相場制度と国際証券投資

アセット・アプローチや購買力平価モデルなどの外国為替レートの決定理論を実装するには，必要条件があります．その必要条件とは，投資先の通貨制度が完全変動相場制であること，同時に国境を越える資本取引が完全自由化されていること，この2点です．通貨制度が固定相場制度の場合，それらの国・地域のほとんどは国境を越える資本取引は自由化していません．その理由は，この自由な資本取引を一度認めてしまえば，資本取引規模が，中央銀行が為替レートの固定を維持するための介入規模を遥かに超えてしまうため，通貨制度を維

＊27：藪友良（2007）「購買力平価（PPP）パズルの解明：時系列的アプローチの視点から」『金融研究』2007年12月，日本銀行金融研究所，pp.75-106.

山藤昌志（1996）「為替レートに長期均衡は存在するか？―購買力平価の共和分検定」『三菱総合研究所報』1996年11月号，pp.4-23.

＊28：Pippenger, Michael and John M. Geppert, (1997), "Testing Purchasing Power Parity in the Presence of Transaction Costs," *Applied Economics Letters*, Vol. 10, pp. 611-614.

持することが困難となるためです．それゆえ，固定相場制度を敷く国・地域への金融資本市場に，主要先進国の投資家が証券投資を行うことはほとんどありません．

逆に固定相場制度を採用する国・地域において，対内証券投資が急増している場合には注意が必要です．なぜなら，本来，資本取引を規制しなければならない通貨制度のもとで，資本流入が発生しているということは，国境を越える資本流出入の抜け道が存在するからです．実際，過去の新興国・途上国における開発政策の過程では，固定相場制度による輸出主導工業化を目指しながら，資本取引自由化を進めたために数々の通貨危機を招いてきました．その理由は，固定相場制度のもとで輸出増進による経済発展を目指しながらも，同時に対内直接投資により雇用創出を促そうとする政治的な思惑が，新興国・途上国では生まれやすいためです．これが，1990年代半ば以降，メキシコ，タイ，インドネシア，ブラジルなどの途上国・新興国において通貨危機が頻発した理由です．

為替レートが主要通貨に対して固定されている制度を採用する国・地域において，唯一，国際分散投資の対象となるのが，香港やマカオのようなカレンシーボード制を採用する国・地域です．第2章の現代ポートフォリオ理論の実装で，香港市場H株企業を分析対象としたのはこのためです．カレンシーボード制下では，為替レートは米ドルなどの主要通貨に固定され，資本取引は自由化されています．それゆえ日本の生命保険会社や信託銀行等の機関投資家も，香港市場での香港ドル建て国際証券投資をかなりの規模で行ってきました．カレンシーボード制を敷く国・地域の金融市場の金利水準は，資本取引が完全自由化されているため，為替レートを固定する主要国通貨の金利水準と完全に裁定されます．例えば，米ドル金利と香港ドル金利は完全に一致します．それゆえ，カレンシーボード制のもとで資本取引を自由化することは，その国・地域は金融政策を放棄することを意味します．

9.4.2 中間制度と為替レート変動

国際証券投資において，完全変動相場制下の為替レートが，最も為替リスク管理が難しい通貨制度のように見えます．ところが，現実的には，中央銀行や政府により，裁量的に為替レートの変動が制限されるクローリング・バンド制

度や管理変動相場制度も，為替リスク管理が難しい通貨制度と言えます．クローリング・バンド制度とは，シンガポール・ドル，チリ・ペソ，イスラエル・シュケルが採用する，自国通貨を主要通貨から構成される通貨バスケットに固定する制度です．ブラジルがハイパーインフレーション下の1990年代に採用したクローリング・ペッグ制と異なる点は，米ドル・ユーロ・英ポンドなどから構成される通貨バスケットに固定しながらも，±15〜20%程度の変動幅を許容している点です．このため，市場参加者には完全変動相場制下の為替レート変動のように見える一方，中心レートは政府・中央銀行により，自国の輸出産業に有利な水準へ誘導されます．これらの通貨制度を採用する国・地域はいずれも資本取引規制が緩和された国が多く，金融資本市場の発展も進んでいます．この通貨制度の最大のメリットは，新興国・途上国においても，対内証券投資や対内直接投資を誘致することで，国内企業の資金調達活動や外国企業の現地進出による雇用創出を後押しすることが可能である点です．

　管理変動相場制とは，平常時には為替レートが自由に変動している通貨制度ですが，そのときどきの市況に応じて，政府・中央銀行が頻繁に市場介入を繰り返す通貨制度です．東アジアでは従来から，中央銀行が自国通貨売りドル買い介入を頻繁に行うことで，政府が主導する輸出主導工業化を輸出価格面から後押ししてきました．韓国ウォン，タイ・バーツ，インドネシア・ルピアの対米ドルレートは，チャートを見ると，完全変動相場制のように見えますが，実際には，自国輸出産業の成長を促す水準へ，為替介入により度々誘導されています．

　総じて言えば，国際証券投資に係る規制が自由化され，為替レート決定理論が実装可能な通貨制度は，図9.2の①⑥の制度を持つ国・地域です．①はフ

表9.2　通貨制度と国際証券投資

	金融政策の独立性	資本取引自由化	国際証券投資の規模
① 通貨統合	○	○	○
② 固定相場制	○	×	×
③ カレンシーボード制	×	○	○
④ クローリング・バンド制	○	△	△
⑤ 管理変動相場制	○	△	△
⑥ 完全変動相場制	○	○	○

資料：国際通貨基金，*International Financial Statistics*，2003年1月号より作成．

ランクフルト市場やパリ市場が含まれますが，ユーロ加盟国間では通貨は統合されるものの，域内外の為替レートは基本的には完全変動相場制であり，資本取引は完全自由化されています．ただし，北アフリカ CFA フラン圏や東カリブ通貨同盟など，途上国・新興国において通貨統合を行っている国・地域は資本取引が規制されているため，国際証券投資の対象外となります．⑥ は米国，英国，日本などの先進主要国の金融資本市場が該当します．

9.4.3 「トリレンマの定理」の実装

　ここで紹介するソースコードは GitHub リポジトリの以下のファイルにて閲覧可能です．下記のファイルでは 19 カ国・地域の対 US ドルレートの取得が可能です．標本期間が異なるデータを用いて実装を行う場合はこちらを使用してください．

```
9_1_fx_volatility.ipynb
```

　米セントルイス連邦銀行のウェブサイトを利用して為替レート日次データを取得できれば，世界 36 カ国の為替変動ボラティリティを，下記のソースコードにより自動的に算出することができます．本例では，日本円，ユーロ，英ポンド，スイスフラン，(完全変動相場制：1999 年 2 月 1 日〜2022 年 12 月 31 日)，韓国（管理変動相場制：1999 年 2 月 1 日〜2022 年 12 月 31 日)，中国（固定相場制：1995 年 6 月 1 日〜2005 年 5 月 31 日)，香港（カレンシーボード制：1999 年 1 月 1 日〜2022 年 12 月 31 日)，シンガポール（クローリング・バンド制：1999 年 1 月 1 日〜2022 年 12 月 31 日）の 8 ヵ国・地域の対 US ドルレートのデータを用いて，通貨制度別の為替変動ボラティリティの算出例を示します．なお，ユーロと英ポンドは US ドルの対現地通貨レートです．

　この例では数値演算のための pandas，時系列データの期間指定のための datetime，図表作成のための Matplotlib をインポートします．

#[1]ライブラリの読み込み

```
import pandas as pd
import datetime
import matplotlib.pyplot as plt
```

　続いて，通貨制度別の対 US ドル為替レート日次データを取得します．

```
url = "https://github.com/nagamamo/data/blob/main/
9_1_currency_data.csv?raw=true"#Git-hub から CSV データの入手
data = pd.read_csv(url) #データフレームの作成
data["Date"] = pd.to_datetime(data["Date"])
#日時を datetime へ変換
data = data.set_index("Date") #日時をインデックスへ変換
```

　標本期間は，日本円，ユーロ，英ポンド，スイスフラン，韓国ウォン，シンガポールドルは，1999 年初から 2022 年 12 月末です．中国人民元は，固定相場制度が厳格に採用されていた 1996 年 6 月から 2005 年 5 月までのデータを採用します．また，香港ドルは，カレンシーボード制が初めて採用された 1983 年 1 月から 2022 年 12 月末までのデータを取得します．

[3]期間別時系列データの作成

```
df1=data['1999/1/1':'2022/12/31'].pct_change().dropna().
std()*(250**0.5)
df2=data['1995/6/1':'2005/5/31'].pct_change().dropna().
std()*(250**0.5)
df3=data['1983/1/1':'2022/12/31'].pct_change().dropna().
std()*(250**0.5)
```

　これら 4 つの通貨の対 US ドルレートを前日比の変動率を算出し，標準偏差の年率換算値を算出します．

[4]為替変動ボラティリティの算出

```
print('JPY per USD (1999-2022) =  %.4f'% df1['JPY_USD'])
print('USD per EUR (1999-2022) =  %.4f'% df1['USD_EUR'])
print('USD per GBP (1999-2022) =  %.4f'% df1['USD_GBP'])
print('CHF per USD (1999-2022) =  %.4f'% df1['CHF_USD'])
print('CNY per USD (1995-2005) =  %.4f'% df2['CHY_USD'])
print('HKD per USD (1983-2022) =  %.4f'% df3['HKD_USD'])
print('KRW per USD (1999-2022) =  %.4f'% df1['KRW_USD'])
print('SGD per USD (1999-2022) =  %.4f'% df1['SGD_USD'])
```

これら8つの結果は，日本円，ユーロ，英ポンド，スイスフランなどの完全変動相場制の対USドルレートに比べ，人民元（固定相場制），香港ドル（カレンシーボード制），シンガポールドル（クローリング・バンド制）の変動ボラティリティが小さいことを示しています．

　江沢民総書記の時代の1995年に大幅な通貨切り下げを行い，胡錦涛総書記の時代の2005年に切り上げを行った中国人民元は，金融政策を維持する替わりに厳格な資本取引規制を続けたため，この1995年6月1日から2005年5月31日の間ほとんど変動していません．他方，金融政策を放棄する替わりに資本取引自由化を40年間続けている香港ドルも変動幅が小さく，「トリレンマの定理」[*29] を順守すれば通貨制度の維持可能性が高いことを示しています．

```
為替変動ボラティリティの算出結果
JPY per USD (1999-2022) =  0.0978
USD per EUR (1999-2022) =  0.0919
USD per GBP (1999-2022) =  0.0922
CHF per USD (1999-2022) =  0.1015
CNY per USD (1995-2005) =  0.0011
HKD per USD (1983-2022) =  0.0052
KRW per USD (1999-2022) =  0.1014
SGD per USD (1999-2022) =  0.0501
```

9.5　機械学習によるアセット・アプローチの実装

本節で紹介するソースコードはGitHubリポジトリの以下のファイルにて閲覧可能です．下記のファイルを用い，直近の為替レート，日米金利差等のデータを与えれば，為替レートの予測値を演算できます．

```
9_2_fx_asset_approach.ipynb
```

　本節では，完全変動相場制下の為替レートを想定する理論的枠組みをもとに，アセット・アプローチの実装例を示します．なお，厳密にはここで示されるの

---

*29：国際金融において固定相場制度，独立した金融政策，資本取引の自由化の3つを同時に実施することが困難，いずれかひとつを放棄しなければならないことを意味する定理．

は具体的には，マネタリー・アプローチ・モデルです．まず汎用ライブラリとして，pandas, NumPy, datetime, Matplotlib を読み込みます.

#[1]汎用ライブラリの読み込み

```
import pandas as pd
import numpy as np
import datetime
import matplotlib.pyplot as plt
```

時系列データを扱う場合，単位根検定を行った上で，アセット・アプローチ理論を実装しなければなりません．ファイナンス・データを用いて構造モデルを推計する場合，これらの時系列データは，時間トレンドを持たず，長期的に平均値へ回帰することが必要条件となります．また，現時点と過去の値の共分散が一定であることも「定常性」の要件のひとつです．これらの要件を充足していることを統計的に検定する手続きが単位根検定です．

$$H_0 : y_t = y_{t-1} + u_t, \quad H_1 : y_t = \rho y_{t-1} + u_t, \quad |\rho| < 1 \tag{9.5}$$

単位根検定の手法のひとつであるディッキー＝フラー検定（DF検定）は，時系列データ y_t の1期の自己回帰モデル AR(1) を仮定し，過程が単位根過程であるという帰無仮説 H_0 を，過程が定常過程であるという対立仮説 H_1 に対し，検定します[*30]．また，本例の statmodels を用いた検定では，AR(1) を AR(p)，つまり1期のみならず過去の p 期までのデータを用いて検定するため，「拡張版」DF検定（ADF検定）と称されます．単位根検定を実施するためのライブラリは下記をインポートします．

#[2]時系列データ検定ライブラリの読み込み

```
import statsmodels.api as sm
from statsmodels.tsa.stattools import adfuller
#ADF 検定用ライブラリ
```

続いて，機械学習用のライブラリをインポートします．本例の理論実装では，scikit-learn を用いて機械学習による実証モデルの性能評価を行い，予測値を

---

*30：なお，(9.5) は y_t がトレンドを持たず，期待値が0のケースですが，これ以外にデータがトレンドを持つ場合，過程の期待値が0でない場合の3種類のケースがありえます．

算出します. インポートするライブラリには，最小二乗法を行うためのライブラリ, データを学習データとテストデータに分割するライブラリ, 決定係数と平均二乗誤差から機械学習評価を行う2つのライブラリの計4つのライブラリをインポートします. scikit-learn には，最小二乗法のみならず，ニューラルネットワーク, リッジ回帰分析他, 様々な機械学習の手法が準備されています.

第3章コラムで紹介した scikit-learn の「アルゴリズム・チート・シート」では，機械学習の選択すべき手法別フローチャートが示されています. ここでは, 分析者が実証研究を進めるに際し, どの手法を選択すればよいのかが,「教師あり学習」「教師なし学習」ごとにわかりやすく説明されています. このアルゴリズム・チート・シートに従えば，外国為替レート決定理論の実装は, 被説明変数と複数の説明変数が連続変数である「教師あり学習」ですので, 最小二乗法による機械学習を行います. 本例では機械学習の役割は実証モデルの性能評価が主たる役割であり，RNN（リカレント・ニューラル・ネットワーク）や LSTM（長短予測）のように，実績値と予測値の誤差をチューニングして次期の予測値の精度を改善する深層学習までは行いません. LSTM（長短予測）による為替レート予測実装例は，本章のコラムで紹介します.

[3] 機械学習用ライブラリの読み込み

```
from sklearn.linear_model import LinearRegression
from sklearn.model_selection import train_test_split
#学習・テストデータ分割
from sklearn.metrics import r2_score
#決定係数による評価ライブラリ
from sklearn.metrics import mean_squared_error
#平均二乗誤差による評価
```

次に GitHub から外国為替レート, 日米消費者物価指数, 日米10年債金利の1990年1月から2022年12月までのデータを取得します. 前者は米セントルイス連邦銀行から, 後者は Invsting.com から取得しています. 本データの場合は, 日時情報"Date"はデータとして利用しませんので, datetime へ変換してインデックスとして利用します. これによりグラフ作成の際に横軸目盛が自動調整されます.

```
url = "https://github.com/nagamamo/data/blob/main/
9_2_fx_market_data2.csv?raw=true"#Git-hub から CSV データの入手
data = pd.read_csv(url)#データフレームの作成
data["Date"] = pd.to_datetime(data["Date"])
#日時を datetime へ変換
US_Japan = data.set_index("Date")#日時をインデックスへ変換
```

　取得したデータから，ドル円レートの前月比（d_Yen），日米インフレ率格差（d_P），日米10年債金利スプレッド（d_R）を算出して pandas データフレームにそれぞれの新変数列を追加します．この2つの説明変数が，購買力平価要因とマネタリー・アプローチ要因を表します．重ねて述べるように，scikit-learn ではデータの入出力は NumPy 配列（ndarray）を前提としていますので，pandas データフレームのデータを「.value」により ndarray へ配列を変換し，これを Y と X とします．

#［5］採用変数の算出と定義

```
US_Japan['d_P']=US_Japan['P_US']-US_Japan['P_JP']
#日米インフレ率格差の算出
US_Japan['d_R']=US_Japan['10USB']-US_Japan['10JPB']
#日米長期金利差の算出
US_Japan['d_Yen']=US_Japan['Yen'].pct_change()*100
#為替レート前日比の算出
US_Japan=US_Japan.dropna()#欠損値の除去
Y=US_Japan['d_Yen'].values #被説明変数の定義と配列変換
X=US_Japan[['d_P','R_P']].values #説明変数の定義と配列変換
```

　推計に使用するデータを可視化するためのソースコードは次の通りです．

```
fig = plt.figure()
ax1 = fig.subplots()
ax2 = ax1.twinx()
ax1.plot(US_Japan['Yen'], lw=2, color="darkblue",label=
"Yen per USD (left)")
ax2.plot(US_Japan['d_R'], c="yellowgreen",label=
"US-Japan Yield Spread (right)")
ax2.plot(US_Japan['d_P'], c="crimson",label=
"US-Japan Inflation Dif (right)")
fig.autofmt_xdate(rotation=90, ha="center")
plt.ylabel('Yen per USD')
ax1.set_ylabel('Yen per USD')
ax2.set_ylabel('Yield & Infration Spread %')
fig.legend(ncol=2)
plt.show()
```

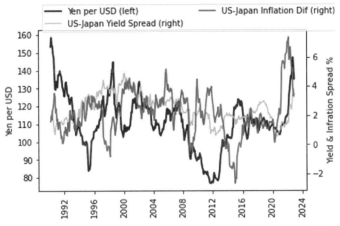

図 9.2　ドル円レート，米日インフレ率格差，米日 10 年金利スプレッドの推移

　本例の分析は，外国為替レートと消費者物価上昇率，長期金利という時系列
データを用います．時系列データの分析では，時間の経過とともにデータの平
均値や分散が変化する単位根を持つか否かを確認した上で，分析を行う必要が
あります．その理由は，採用するデータがもし時間変化とともに確率分布が変

化する非定常過程なのであれば，変数間に誤った関係が存在することを支持してしまう懸念があるためです．この点，データサイエンスでは，例えばある時点 t とそれ以前の $t-1$ もしくはさらにそれ以前のデータとの関係を示す自己回帰モデルを推計することで，時系列データの定常性（非定常性）を統計的に確認します．これが単位根検定と呼ばれる検定方法です．本例では statmodels の拡張版ディッキー＝フラー検定（ADF 検定）によりデータの定常性を検定します．本例では，式（9.5）の自己回帰モデルはトレンドは含めず，定数項のみと設定しています．

単位根検定の結果は，左から順に ADF 検定量，p 値，検定に用いたラグ数，標本数，1％，5％，10％有意水準を示しています．上記の結果は，被説明変数のドル円レートの1階差（前期比）は，データが非定常であるという帰無仮説が1％の有意水準で棄却できる，つまり定常である確率が高いことを意味しています．

 # [7] 時系列データの単位根検定

```
sm.tsa.stattools.adfuller(Y, regression='c')
#為替レート変化率の単位根検定
```

検定結果

```
(-4.6839, 9.0226e-05, 10, 384, {'1%': -3.4475,
'5%': -2.8691, '10%': -2.5708}, 1716.8416)
```

単位根検定によりデータの定常性が確認できれば，データ数と説明変数の配列を念のため確認しておきます．下記の結果では，データ数が被説明変数，説明変数ともに 395，説明変数の数が 2 変数であることが確認できます．

 # [8] データ数と配列の確認

```
ndarrayX = np.array(X)
ndarrayY = np.array(Y)
print("ndarrayX.shape:", ndarrayX.shape)
print("ndarrayY.shape:", ndarrayY.shape)
```

　次にデータを学習データ (X_train，Y_train) とテストデータ（X_test，Y_test）に分割し，学習データにアセット・アプローチ・モデルをフィッティングします．[9]1行目のコードは，学習データとテストデータを，ランダムに70%：30%に分割することを指示しています．2行目のコードで推計に最小二乗法を採用し，3行目において学習データを用いてフィッティングします．4行目と5行目は，それぞれ学習データとテストデータを用いた為替レート（変化率）の予測値を算出します．この学習データとテストデータの予測値を比較することで，この実証モデルの性能を評価します．

#[9]アセット・アプローチ・モデルの推計と機械学習

```
X_train,X_test,Y_train,Y_test=train_test_split
(X,Y,test_size=0.3,random_state=0)#学習データとテストデータの分割
model=LinearRegression(fit_intercept=True,normalize=
False,copy_X=True,n_jobs=1,positive=False)#推計方法の定義
model.fit(X_train,Y_train)#フィッティング
Y_train_pred=model.predict(X_train)#学習データによる予測値の算出
Y_test_pred=model.predict(X_test)#テストデータによる予測値の算出
```

　推計結果を出力します．d_P の係数値は，米日インフレ格差が1%拡大した場合，ドル円レートが0.07%円高へ向かうことを示しています．また，d_R の係数値は，米日長期金利が1%拡大した場合は，0.10%ドル安へ向かうことを意味しています．

#[10]推計結果と可視化

```
print('d_P: %.4f' % model.coef_[0])#係数値
print('d_R coef: %.4f' % model.coef_[1])#係数値
print('R2: %.4f' %model.score(X_train,Y_train))#決定係数
```

> **推計結果**
> d_P: -0.0727
> d_R: 0.1021
> R2: 0.0039

　米日インフレ率格差（d_P），米日長期金利差（d_R），ドル円レート（d_Yen）の実績値と学習データから算出される理論値をプロットしたグラフが図9.3です．

#[11]実績値と予測値のプロット

```
X_train1, X_train2 = np.split(X_train, 2, 1)
fig = plt.figure()
ax = fig.add_subplot(projection='3d')
ax.scatter(X_train1, X_train2, Y_train, marker="o",
c='orangered',label='actual')
ax.scatter(X_train1, X_train2, Y_train_pred,marker="o",
c='blue',label='predicted')
ax.set_xlabel('US-Japan Infration Dif',size=8)
ax.set_ylabel('US-Japan Yield Spread',size=8)
ax.set_zlabel('Yen per USD',size=8)
plt.xlim(-3, 5)
plt.ylim(0, 6)
ax.legend()
plt.show()
```

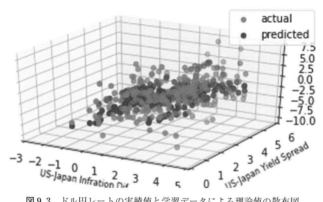

図9.3　ドル円レートの実績値と学習データによる理論値の散布図

本例では，実証モデルの性能評価を，学習データとテストデータの二乗平均平方根誤差（RMSE）と決定係数（R2）を確認することで検証します．具体的には，モデルの実測値と理論値の差を合計して標本数で除した値の平方根であるRMSEと，実証モデルの決定係数を学習データとテストデータで比較することで評価します．

#[12]機械学習の評価

```
print('RMSE 学習： %.4f, テスト： %.4f' %(mean_squared_
error(Y_train,Y_train_pred,squared=False),mean_squared_
error(Y_test,Y_test_pred,squared=False)))#平方二乗誤差の評価
print('R2 学習： %.4f, テスト： %.4f' %(r2_score(Y_train,
Y_train_pred),r2_score(Y_test,Y_test_pred)))#決定係数の評価
```

出力結果

```
RMSE 学習データ： 2.4734, テストデータ： 2.5982
R2 学習データ： 0.0039, テストデータ： -0.0060
```

上記のRMSEとR2により，ドル円レート・モデルの性能評価結果を見ると，概ね学習データとテストデータからもたらされる値が接近していることがわかります．図9.5は，上記の結果を視覚的に確認するため，学習データとテストデータから算出された予測値と実績値との誤差をプロットしています．

#[13]機械学習結果の可視化

```
plt.scatter(Y_train_pred,Y_train_pred-Y_train,c='blue',m
arker='o',s=40,alpha=0.7,label='Train Data')
plt.scatter(Y_test_pred,Y_test_pred-Y_test,c='red',marke
r='o',s=40,alpha=0.7,label='Test Data')
plt.xlabel('Predicted')
plt.ylabel('Residual')
plt.legend(loc='upper left')
plt.hlines(y=0,xmin=-1,xmax=1,lw=2,color='black')
plt.xlim([-0.6,0.8])
plt.ylim([-12,12])
plt.tight_layout()
plt.show()
```

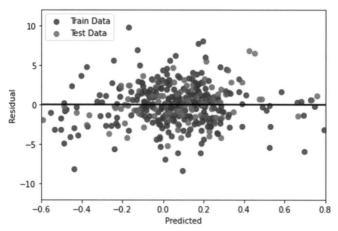

図 9.4 ドル円レート・モデルの学習データとテストデータの予測値と残差の散布図

　最後のセルは，未来のドル円レートを予測するコードです．それぞれ last（直近の米日金利差），add_spread（未来の金利拡大もしくは縮小幅），add_CPI（未来の米日インフレ率格差）を入力すれば，その「未来」時点でのドル円レートが計算されます．米連邦準備制度理事会もしくは日本銀行の金融引き締めによる長期金利差の変化がもたらす為替レートへの影響のみを確認したい場合は，add_CPI=0 とすると，政策効果のみを演算できます．

#[14]ドル円レートの予測

```
last=US_Japan.d_R[-1] #標本データ直近の米日金利差
add_CPI=0.5 #インフレ率格差拡大幅
add_spread=1.0 #金利スプレッド拡大幅
spot=128.54 #直近ドル円レート
senario=last+add_spread
a=model.predict([[add_CPI,senario]])
spot*(1+a/100)
```

出力結果

```
array([129.30922095])
```

【コラム】深層学習と外国為替レート予測

深層学習によりドル円レートを予測するためのソースコードは GitHub リポジトリの以下のファイルにて閲覧可能です.

```
9_3_fx_deep_learning.ipynb
```

観察可能なデータを用い，構造方程式モデリング（Structural Equation Modeling；SEM）のみで金融資産価格の水準を予測する手段が，金融資本市場の現場ではほとんど用いられていません. なぜなら，ヒストリカル・データは常に更新され続け，それとともに構造方程式のパラメータも，将来に渡り変化し続けるためです. データサイエンスの進展とともに，近年は，機械学習を用いて，この命題に取り組む実務家や研究者が増加しています. しかし，機械学習を用いる手法も勿論，万能ではありません. そこで機械学習の分野では，過去の予測値と実績値の誤差をひとつの重要な情報として，次期の予測値を補正する深層学習の手法が育まれてきました.

機械学習，ニューラルネットワーク，深層学習，の３つの関係を説明すると次の通りです.「機械学習」の定義はもともと広汎であり，コンピュータ等の計算機によりデータを解析し，それを用いて将来の予測値を自動的に算出するアルゴリズム全般を指します. これに対し「ニューラルネットワーク」は，データの入出力の処理を含めた複数の数理モデルが結合するネットワークを指します. つまり，コンピュータに音声，画像，数値データ，定性情報などをインプットすることで線形変換し，これらを複数の数理モデルから構成されるユニットごとに処理することで，予測値やその他の出力を行う手法が，ニューラルネットワークです. このユニット間の情報処理において，ユニットの出力が入力処理を行うユニットへ回帰しない場合，回帰する場合の違いが，順伝播型ニューラルネットワーク（Feed-Forward Network；FFN）と回帰型ニューラルネットワーク（Recurrent Neural Network；RNN）の違いということになります.

RNN はスタンフォード大学の故デビット・ラメルハート教授らの研究が，その起源として多大な貢献を果たしてきたと解釈されています[31]. 入力層にデータが入力されるごとに，隠れ層，出力層の活性化関数により演算処理され予測値が算出されます. 時間の経過とともに前期の予測値の実績値が出現し，予測値と実績値の誤差が発生します. この（過去の）予測値と実績値の誤差を最小化するため，

---

[31]：Rumelhart, David E., Geoffrey E. Hinton, and Ronald J. Williams, (1986). "Learning Representations by Back-propagating Errors," *Nature*, Vol. 323, pp. 533-536.

勾配降下法を用いて，誤差を最小化するパラメータを算出し，次期においてチューニングされたパラメータを用いて次期の予測値が算出されます[32]．

　深層学習の手法として，実務の現場で活用される RNN の発展版が長短記憶（Long and Short Term Memory；LSTM）です[33]．LSTM はもともとヨハネスケプラー・リンツ大学のセップ・ホッヒレイター教授とキング・アブドラ工科大学のユルゲン・シュミットユーバー教授が開発した手法です．LSTM は，インプットされる情報が，時系列データである場合に特に威力を発揮するため，金融資産価格の予測に頻繁に応用されます．LSTM の基本的なアーキテクチャは RNN と同じです．ただし，LSTM は，過去のデータを記憶，忘却させる点が RNN と異なります．まず図 9.6 において t 期に入力された情報 x_t は，前期 $t-1$ の出力情報 y_{t-1} とともに活性化関数 σ を経由した後，f を出力し，この結果が右側の上側から下側に向かう前期 $t-1$ のセル C_{t-1} と結合します．これが最も単純な回帰型ネットワークによる y_t の算出過程です．ひとつ目のゲートである活性化関数 σ は，0 から 1 までのいずれかの数値を決定し，もともと入力された x_t と y_{t-1} をそれぞれどれだけ通過させる必要があるかを決定します．つまり，ここにおいて「0」であれば，セルは以前の経験を「忘れる」効果をもたらし，「1」であれば「記憶する」

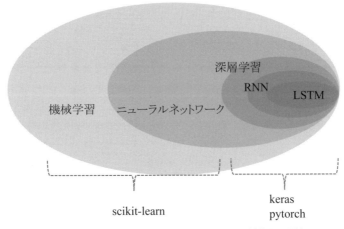

図 9.5　機械学習・ニューラルネットワーク・深層学習の関係

＊32：RNN には 2 種類の定義があり，極論すれば，隠れ層が隠れ層にフィードバックされる構造がエルマンネットワーク，前期までの出力結果が次期の隠れ層にフィードバックされるのがジョーダンネットワークと称されます．

＊33：Hochreiter, Sepp and Jurgen Schmidhube, (1997), "Long Short-Term Memory," *Neural Computation*, Vol. 9, pp. 1735-1780.

効果をもたらします．LSTM には「セル」全体の機能を働かせる役割として，こ
れを含む3つの活性化関数の階層「ゲート」σが存在します．これら3つの活性
化関数は通常，シグモイド関数が用いられます．その理由は，実績値と予測値の
誤差を修正する際に用いる勾配降下法を適用するには，標準正規分布の累積分布
関数よりもシグモイド関数がより適しているためです．

本コラム冒頭に示したリポジトリでは，深層学習 LSTM によるドル円レートの
予測例が閲覧可能です．このソースコードはドル円レートのみならず，いかなる
為替レート，その他の金融資産価格へも応用可能です．

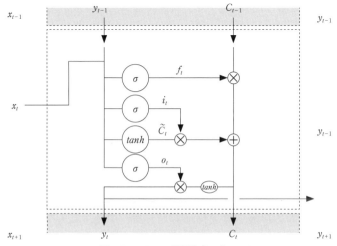

図 9.6 LSTM の階層とネットワーク
（資料：https://colah.github.io/posts/2015-08-Understanding-LSTMs/ より筆者作成．）

第10章
イベント・スタディと株価効果

10.1 イベント・スタディによる RD デザイン

データサイエンスの分野では，あるイベントを「境界線（borderline）」として，イベントが発生する前後で，例えば市場の需要や価格に変化があったか否か，という分析がよく行われます．このとき，市場の需要もしくは価格に不連続（discontinuity）な状況が起こっていることが統計的に明らかにされた場合には，このイベントが不連続な状況をもたらしていると解釈することができます．これが RD デザイン（回帰不連続デザイン：Regression Discontinuity Design）と呼ばれる手法です．ファイナンス分野では，この RD デザインは，株価を用いて累積超過収益率（Cumulative Abnormal Return；CAR）を算出することにより行う，イベント・スタディを用いるケースが大半です[*34]．すなわち，イベント≒境界線の前後で，株価に不連続性が発生しているか否かを，CAR を統計的に検証することで，その影響を評価する，という分析を，証券アナリストや学術研究者は頻繁に行います．勿論，この「イベント」は，M&A に限らず，新医薬品の政府による承認の発表，不祥事の公表，カリスマ CEO の退任発表など，何でも構いません．

本章では，このイベント・スタディの事例として，企業の M&A というイベントを発表した際の株価効果を説明します．企業が，新たな事業を立ち上げるとき，自らが設備投資を行うことで，この新事業の実現が可能となります．しかし，この手段では，新事業が軌道に乗るまでには，長い時間を要します．このため，企業経営者は，設備投資に替わる，他企業の買収・合併を意思決定の選択肢に入れることになります．現代の企業経営では，他企業の買収・合併

[*34]：過去四半世紀の間，金融制度改革とグローバル化が進行した世界の金融資本市場では，政府による市場介入や政策措置の発動がほとんどありません．それゆえ，現代の金融資本市場では，ランダム化比較実験（RCT）のための標本入手が困難であるため，ファイナンス分析では株価を用いた RD デザインが多用されるという背景があります．

のみならず，自社の売却や事業譲渡も，利潤最大化のための選択肢となります．例えば，企業経営者は，自分が所属する企業グループの一企業，もしくは一部の事業を，積極的に売却することで，事業再構築を進め，一株当たりの企業価値を高めます．いずれにしても設備投資や研究開発投資という，能力増強のみに経営パフォーマンスが依存していた時代はすでに終焉し，近年の経営者には，株主価値を最大化する上で，企業買収・合併や事業売却という選択肢が新たに携えられています．

　2022年12月末時点での，買収総額順に注目した場合の，世界の主要な企業M&Aが表10.1に示されています．歴史上，最も買収総額規模が大きかったM&Aが，1999年の英ボーダフォンによる独マネスマンAGの買収です．英国から欧州大陸進出の足掛かりとして，英ボーダフォンは独マネスマンAGの通信事業に着目し，買収を行ったのがこのケースです．当時，英国とドイツはともに欧州連合に加盟していたため，定義上は国境を越えるクロスボーダーM&Aですが，市場統合の進展と携帯電話事業の国際化が重複することで生ま

表10.1　世界のM&A買収額リーグテーブル

	買収総額	発表日	買収企業	被買収企業
1位	2,030億ドル	1999年11月13日	ボーダフォン（英） 業種：情報通信	マネスマンAG（独） 業種：複合企業
2位	1,820億ドル	2000年1月10日	AOL（米） 業種：ウェブ・サービス	タイム・ワーナー（米） 業種：メディア
3位	1,820億ドル	2007年9月3日	フランスガス公社（仏） 業種：エネルギー	スエズ（仏） 業種：水道・運河管理
4位	1,300億ドル	2013年9月2日	ベライゾン・コミュニケーション（米） 業種：情報通信	ボーダフォン（英） 業種：情報通信
5位	1,300億ドル	2015年12月11日	ダウ・ケミカル（米） 業種：化学	デュポン（米） 業種：化学
6位	1,210億ドル	2019年6月9日	ユナイテッド・テクノロジーズ（米） 業種：複合企業	レイセオン（米） 業種：防衛・航空
7位	1,080億ドル	2016年10月22日	AT&T（米） 業種：情報通信	タイム・ワーナー（米） 業種：メディア
8位	1,070億ドル	2015年11月11日	アンハイザー・ブッシュ・インベブ（英） 業種：ビール他飲料	SABミラー（英） 業種：ビール他飲料
9位	1,070億ドル	2000年1月18日	グラクソ・ウェルカム（英） 業種：医薬品	スミスクライン・ビーチャム 業種：医薬品
10位	1,000億ドル	2015年3月24日	ハインツ（米） 業種：食品	クラフト（米） 業種：食品

資料：各社報道発表資料より作成．

れた M&A が，この事例です．そして M&A の現代史において，最も物議を醸してきたのが，米 AOL による米タイム・ワーナーの買収です．この M&A は買収から 2 年後の 2002 年に新会社 AOL タイム・ワーナーが約 1,000 億ドルの純損失を計上し，最高経営責任者が退任に追い込まれました．2009 年には経営統合そのものが解消されています．分離した米タイム・ワーナーはその後の 2018 年 6 月にも米 AT&T により買収されていますが，2021 年に再び両社は経営統合を白紙に戻しています．この経緯から，この事例は，世界の M&A 史における典型的な失敗事例として，国内外のビジネススクールのケーススタディで取り上げられます．

　国連貿易開発会議（United Nations Conference on Trade and Development；UNCTAD）が毎年発刊する *World Investment Report* では，外国直接投資に占めるクロスボーダーM&A の比率が毎年，報告されています．2010 年代の UNCTAD の報告書では，医薬品事業のクロスボーダーM&A の増加を頻繁に取り上げています．2014 年版 *World Investment Report* によれば，UNCTAD が医薬品事業のクロスボーダーM&A に注目する理由は 2 つあります．ひとつは，医薬品開発の研究開発期間の短縮化であり，もうひとつは新薬開発の確率上昇，のためです．医薬品は医療用医薬品と一般医薬品の 2 種類があり，年商 10 億ドル以上の売上を生み出す「ブロックバスター」と呼ばれる医療用医薬品開発には，概ね 10〜20 年以上の歳月を要します．医薬品産業においてクロスボーダーM&A が多発する理由は，基礎研究・非臨床試験がある程度進捗している企業を買収することで，研究開発期間の短縮化を図るためです．また，医薬品開発の基礎研究段階における新規物質の探索，創製では，研究開発予算 ≒ 研究従事者数の規模が大きいほどその確率が高いことは，医薬品アナリストの間でよく知られています．2000 年の英グラクソ・ウェルカムによるスミスクライン・ビーチャムの買収は，こうした時代の先駆けとなる企業買収です．武田薬品工業，アステラス製薬，第一三共が挙ってクロスボーダーM&A を競い合う理由も，こうした世界的な潮流が背景にあります．

　また世界のビール産業においても国際 M&A は多発化しており，表 10.1 の英アンハイザー・ブッシュ・インベブによる英 SAB ミラーの買収は，その中でも買収総額が最も大きな事例です．このビール産業の国際 M&A の潮流は，近年，日本にも波及しています．日本のビール産業は，キリンビール，アサヒ

ビール，サントリー，サッポロビール4社の，寡占状況が長年，続いてきました．日本国内の人口減少とともにビール愛好家も年々減少していることから，これら4社は持ち株会社設立によりM&Aを多発化させることで，事業再構築に取り組んできました．サントリーHDによる米ビーム買収，サントリー食品インターナショナルによる仏オランジーナ・シュウェップス買収も，こうしたM&Aの潮流の中で出現したディールと言えます．

10.2　M&A の株価効果

1960年代から1980年代の日本企業は，設備投資による能力増強を目指してきました．1990年代以降は，事業再構築や株主価値の増大という，新たな経営課題に取り組む日本企業が多数出現しています．1999年の商法改正により株式交換による企業買収が法制度面で認められたことで，近年の日本企業は，現金払い，株式交換双方によるM&A件数を飛躍的に増加させています．米国では1980年代半ばに，すでにM&Aブームが到来しています．コロンビア大学のマイケル・ブラッドリー教授らの研究では，企業が他企業を経営統合・買収（M&A）する目的や理由は，① シナジー効果，② 経営改善効果，③ 株価変動効果，の3つが主因であると説明しています[35]．

アルバータ大学のランダール・モルク教授は，1980年代の米国では，企業の「所有者」である株主から経営への監視がこの時期に強まったことが，M&A件数増加の一因であると報告しています[36]．この時期，米国企業の多くが売上規模や利潤最大化よりも，株主価値の最大化に経営目標をシフトさせたためです．企業の株主価値最大化のために，ある企業は他社から将来的に有望な事業を獲得し，他の企業は経営パフォーマンスが芳しくない事業を譲渡することで，米国のM&A件数は増加を続けてきました．こうしたケースは，日本では，2000年代以降，数多く観察されています．

その他，香港中文大学のラリー・ラング教授らは，1980年代の米国企業の標本を用いて，株式市場の周期的な変動が，M&Aブーム多発化のきっかけで

---

[35]：Bradley, Michael, Anand Desai, and E. Han Kim (1988), "Synergistic Gain from Corporate Acquisitions and their Division between the Stockholders of Target and Acquiring Firms," *Journal of Financial Economics*, Vol. 21, pp. 61–98.

[36]：Morck, Randall, Andrei Shleifer, and Robert W. Vishny, (1990), "Do Managerial Motives Drive Bad Acquisitions?" *Journal of Finance*, Vol. 45, pp. 31–48.

あるという，実証的な証拠を提示しています[37]．ラング教授らは，世界の数多くの株式市場では，周期的な株価の上昇とその後の下落が繰り返されていると論文の冒頭で報告しています．そして，この市場全体の周期的な価格変動が，割安な個別銘柄を周期的に生み出すために，企業買収が促されると実証結果をもとに結論づけています．また，同教授の研究グループは，規制緩和時のみならず，景気後退期に，企業買収が多発する理由もこのためだと主張しています．このように現代の企業社会では，M&A が頻発することが常態化しているため，そのディールの結果がどうであったかという精緻な分析が常に要求され続けます．次節以降では，世界の研究者が用いる M&A の株価効果の分析手法を紹介した上で，これを実装します．

10.3 イベント・スタディによる RD デザインの手順

イベント・スタディの手法は，2020 年に逝去されたネバダ大学の故ステファン・ブラウン教授らが，1985 年に *Journal of Financial Economics* で発表した研究で用いた手法です．イベント・スタディは，一言でいえば，M&A を実施した買収企業の累積超過収益率（Cumulative Abnormal Return；CAR）を計測し，それを以て M&A の株価効果と解釈します．Brown and Warner（1985）以降，世界の M&A の株価分析では，伝統的に次のようなイベント・スタディの手法が踏襲されています．

$$AR_i = r_i - r_m \tag{10.1}$$

$$CAR_i = \sum_{k=1}^{T} AR_i \tag{10.2}$$

ここで r_i は，M&A 実施直後の日次での企業 i の株価変動率，r_m は企業 i の株価理論値の日次変動率です．式（10.1）に基づき算出された，M&A 実施から T 日後までの式（10.2）の累積超過収益率（CAR）が大きければ，この企業の M&A が大きな株主価値をもたらしたと解釈することができます．

イベント・スタディ≒RD デザインは，イベント（境界線）の前後で価格の不連続性を検証する手法ですが，この手法を採用するためには，イベント以外

---

[37] : Lang, Larry H. P., Ralph A. Walkling, and Rene M. Stulz, (1989), "Managerial Performance, Tobin's Q and the Gains from Successful Tender Offers," *Journal of Financial Economics*, Vol. 24, pp. 137-154.

の他の要因が影響を与えていないことが大前提です．M&A の場合，M&A というイベントの帰結の評価として，企業の財務情報ではなく，株価を用いた短期効果を計測する理由は，3 カ月に一度の財務情報の場合，M&A 以外の影響が財務数値に反映されることが多いためです．3 カ月に一度発表される財務情報を用いる分析の場合，企業が実施した M&A の影響以外に，企業の資産売却，設備投資，国・地域全体のマクロ経済パフォーマンスなどの，様々な影響が財務データに反映されます．この点，イベント・スタディでは，M&A の発表時点から前後 1 日，もしくは最大 1 週間の株価変動を，その企業の株価の理論値と比較することで，M&A の効果のみを抽出し，イベント以外の他の要素の影響を排除します．また，イベント・スタディが，数日間の短期の株価を用いるもうひとつの理由は，株価の短期効果を検証することで，時系列データの非定常性からもたらされうる問題を緩和できるという利点もあることです．

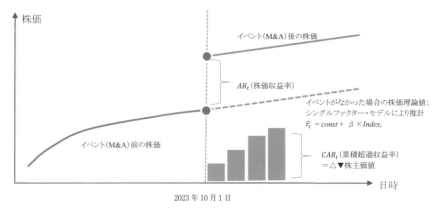

図 10.1　イベント・スタディと RD デザイン

　ブラウン＝ワーナー流イベント・スタディの目的は，分析対象の M&A ディールがもたらす買収企業の企業価値への影響を定量的に計測することです．それゆえ，この分析手法を採用する研究では多くの場合，その分析対象となる M&A の累積超過収益率（CAR）が，比較対象となる他の M&A の累積超過収益率（CAR）に比べて高いか否かが統計的に検証されます．加えて，近年の研究のトレンドでは，イベント・ウィンドウと呼ばれる，累積超過収益率（CAR）を算出する際の期間を，複数設けることで，その比較が行われて

います．例えば，伝統的な分析手法では，M&A ディール・データを用い，M&A 発表日前後 3 日間（−1，＋1）を用いて，他の累積超過収益率（CAR）と比較します．近年の研究では，このイベント・ウィンドウに M&A 発表日前後 5 日間（−1，＋3）や M&A 発表日前後 7 日間（−1，＋5）の株価効果を併せて算出することで，それぞれ 3 日間の効果とその他のイベント・ウィンドウとの違いを検証することもあります．

10.4　イベント・スタディの実装

本節で紹介するソースコードは GitHub リポジトリの以下のファイルにて閲覧可能です．本例とは異なるイベントと標本期間を用いた演算を実施する場合はこちらを利用してください．

```
10_event_study.ipynb
```

　企業が M&A を実施した際の株価効果を算出するイベント・スタディのソースコードは極めてシンプルです．本例で必要なライブラリは，pandas，datetime，statsmodels の 3 つです．

#[1]ライブラリ読み込み

```
import pandas as pd
import datetime as dt
import statsmodels.api as sm
```

　本節では 2018 年 5 月 18 日に武田薬品工業（4502. JP）が発表した，アイルランドの医薬品企業シャイアのクロスボーダーM&A を，イベント・スタディの株価効果の計測事例とします．まずあらかじめ保存しておいた武田薬品工業と日経平均株価の日次データを URL から読み込みます．計測に際する重要なポイントは，前節の式（10.1）で示されるの企業の株価理論値 r_m の計測方法です．Brown and Warner（1985）の手法にしたがい，M&A アナウンス日から遡って過去 250 営業日までの日次データを用い，145 頁の式（10.3）シングルファクター・モデルを推計します．ここでは，株価が影響を受ける可能性があるアナウンス日直前 1 週間のデータを取り除いたうえで，次式を推計し，武田薬品工業の株価理論値を算出します．

$$\Delta r_{m,t} = const + \beta_i \times \Delta Index_t \qquad (10.3)$$

r_m は企業 i の株価の日次リターン，$\Delta Index$ は市場インデックスの日次リターンを意味します．続いて，シングルファクター・モデルにより推計される企業 i のベータ値を用い，M&A 発表前日，当日，以降 5 営業日後までの理論値のリターンを，市場インデックの実績値×ベータ値により算出します．これがイベントがなかった場合の，企業 i の株価のリターンです．この実績値の変動率から理論値のリターンを差し引いた値の累積値が，企業 i が M&A を実施したことによる累積超過収益率（CAR）となります．

＃[2]市場インデックスと買収企業株価の取得

```
url = "https://github.com/nagamamo/data/blob/main/
10_event_study_data.csv?raw=true"#Git-hub から CSV データの入手
data = pd.read_csv(url)#データフレームの作成
data["Date"] = pd.to_datetime(data["Date"])
#日時を datetime へ変換
df = data.set_index("Date")#日時をインデックスへ変更
```

累積超過収益率（CAR）の算出では，取得した日次データを分割するため，日付情報のデータ形式を確認しておきます．取得した株価データのリターンを算出した上で，日付情報を確認するため，4 行目ではデータ型を確認します．

＃[3]データ前処理

```
df=df.pct_change().dropna()
company_list=['Takeda','Nikkei225']
df.columns = company_list
df.dtypes#データ型の確認
```

次に，取得した日次データを，理論値推計のための標本，3 種類の累積超過収益率（CAR）算出のための標本期間の，計 4 種類の標本期間を作成します．イベント・ウィンドウはこれら以外にも（-1, $+10$）や（-5, $+5$）など，分析と研究の問題意識に応じて，様々な期間設定を行っても構いません．尚，本例では query() を用いて，標本期間を指定しています．

```
df1=df.query('"2017-05-01" < Date < "2018-04-30"')
#理論値推計の標本期間
CAR3=df.query('"2018-05-06" < Date < "2018-05-10"')
#CAR(-1,+1) の標本期間
CAR5=df.query('"2018-05-06" < Date < "2018-05-13"')
#CAR(-1,+3) の標本期間
CAR7=df.query('"2018-05-06" < Date < "2018-05-16"')
#CAR(-1,+5) の標本期間
```

　次に4種類の標本期間のうちのひとつを用いて，statmodels により式（10.3）に必要なパラメータの推計を行います．第3章の事例とは異なり，本例はベータ値を算出することが最終ゴールではないので，推計結果の表示を最低限にとどめます．下記の推計結果は，この標本期間の武田薬品工業のベータ値が 0.6837 であることを示しています．

[5]企業株価シングル・ファクター・モデルの推計

```
X=df1[['Nikkei225']]
y=df1['Takeda']
X=sm.add_constant(X)
Model=sm.OLS(y,X).fit()
print(Model.summary().tables[1])
print('AdjR2: %.4f'% Model.rsquared_adj)
```

推計結果：

```
================================================================
              coef    std err        t     P>|t|    [0.025    0.975]
----------------------------------------------------------------
const      -0.0008      0.001   -1.113     0.267    -0.002     0.001
Nikkei225   0.6837      0.082    8.385     0.000     0.523     0.844
================================================================
AdjR2: 0.2219
```

　推計されたベータ値から企業 i の株価理論値を算出し，最後にこれを用いて本例では3種類のイベント・ウィンドウによる累積超過収益率（CAR）を算出します．算出された3種類の累積超過収益率（CAR）を見ると，実施に際

して経営側と株主との間で賛否が大きく分かれたディールでしたが，株式市場は肯定的に評価し，株主価値を増大させていたことがわかります．図 10.1（p. 148）の世界の過去の主要な M&A の累積超過収益率（CAR）と比べても，決して劣後しない経営判断であったことがわかります．

＃ [6] 累積超過収益率（CAR）の算出

```
a = Model.params[1]#シングル・ファクター・モデルの係数値の定義
b = Model.params[0]#シングル・ファクター・モデルの定数項の定義
CAR3['predict3']=CAR3[['Nikkei225']]*a+b#理論値の算出
CAR3['actual3']=CAR3[['Takeda']]#実績値の定義
CAR3['difference']=CAR3['actual3']-CAR3['predict3']
#実績値と理論値の差分

CAR5['predict5']=CAR5[['Nikkei225']]*a+b
CAR5['actual5']=CAR5[['Takeda']]
CAR5['difference']=CAR5['actual5']-CAR5['predict5']

CAR7['predict7']=CAR7[['Nikkei225']]*a+b
CAR7['actual7']=CAR7[['Takeda']]
CAR7['difference']=CAR7['actual7']-CAR7['predict7']

print('CAR(-1,+1): %.4f'% CAR3['difference'].
sum(),'CAR(-1,+3): %.4f'% CAR5['difference'].
sum(),'CAR(-1,+5): %.4f'% CAR7['difference'].sum())
```

算出結果：
```
CAR(-1,+1): 0.0043 CAR(-1,+3): 0.0228 CAR(-1,+5): 0.0322
```

10.5 イベント・スタディによる世界の M&A の検証

前節で説明したソースコードを用い，表 10.1 の中の 6 つのディールについて累積超過収益率（CAR）を算出した結果が表 10.2 です．表 10.2 を見ると，必ずしもメガ・ディールと呼ばれる時価総額が大きい M&A は，市場から高い評価を受けて来なかったことがわかります．武田薬品工業によるシャイア買収発表前後の累積超過収益率（CAR）は，2000 年のグラクソ・ウェルカムに

表 10.2　世界の主要 M&A の累積超過収益率

発表日	買収企業	被買収企業	ベータ値	CAR (−1, +1)	CAR (−1, +3)	CAR (−1, +5)
1999 年	ボーダフォン (英) 業種：情報通信	マネスマン AG(独) 業種：複合企業	1.0787	−0.0779	−0.1818	−0.1548
2007 年	フランスガス公社(仏) 業種：エネルギー	スエズ (仏) 業種：水道・運河管理	0.3866	0.0240	0.0119	0.0214
2013 年	ベライゾン・テクノロジーズ(米) 業種：情報通信	ボーダフォン (英) 業種：情報通信	0.8007	−0.0409	−0.0326	−0.0383
2019 年	ユナイテッド・テクノロジーズ(米) 業種：複合企業	レイセオン (米) 業種：防衛・航空	1.0821	−0.0347	−0.0631	−0.0571
2015 年	アンハイザー・ブッシュ・インベブ(英) 業種：ビール他飲料	SAB ミラー (英) 業種：ビール他飲料	0.9218	0.0401	0.0414	0.0469
2000 年	グラクソ・ウェルカム(英) 業種：医薬品	スミスクライン・ビーチャム(英) 業種：医薬品	0.8522	−0.0513	−0.0658	−0.0688

資料：筆者算出．図表は買収総額が大きいディール順．

よるスミスクライン・ビーチャムの買収よりも，少なくとも短期的には市場からより高い評価を受けていたことがわかります．

　また，表 10.2 が示すもうひとつの含意は，情報通信企業のメガ M&A は，市場から高い評価を得られないことが多いということです．むしろ，フランスガス公社のスエズ買収など，エネルギー企業によるインフラ企業の買収や，アンハイザー・ブッシュ・インベブによる SAB ミラーの買収など，伝統的な製造業者が市場シェアを拡張する M&A が，市場からより高い評価を得ていることがわかります．ちなみに，M&A に関する先行研究では，業種が異なる M&A は経営統合後の経営パフォーマンスが芳しくない結果をもたらすことが実証的に指摘されています[38]．その意味ではアンハイザー・ブッシュ・インベブによる SAB ミラーの買収はその理論に整合的なケースであると言えます．その他，経営統合後の企業が高パフォーマンスを示す M&A の特徴に関する実証分析では，被買収企業側の特徴として，総資産に占める現預金比率が高いことや，そもそも被買収企業が非上場企業であることなどがこれまで指摘されています[39]．

　今後の本研究の方向性には，時価総額の規模，主取引銀行の違い，ディール

---

[38]：Morck, Randall, Andrei Shleifer, and Robert W. VIshny (1990), "Do Managerial Motives Drive Bad Acquisitions?" *Journal of Finance*, Vo. 45, pp. 31-48.

[39]：Hasbrouch, Joel (1985), "The Characteristics of Takeover Targets : Q and Other Measures," *Journal of Banking and Finance*, Vol. 9, pp. 351-362.

主幹事会社の特徴，買収企業と被買収企業の所在国・地域の法制度など，どのような要因が，累積超過収益率（CAR）を押し上げる，または押し下げるのか，といった研究があげられます．本章のソースコードを用い，企業各社の財務データと統合すれば，先行研究では評価されていない，累積超過収益率（CAR）に影響を与える諸要因を検出することも可能です．

第11章
企業パネルデータの財務分析

11.1 企業パネルデータの財務分析

　金融アナリストは金融資本市場の株価や債券価格分析のみならず，発行体企業の経営分析も求められます．これらの分析手法には様々なアプローチがあり，すべてをここで取り上げることはできません．そのため本章では，Pythonにより，パネルデータを用いた企業財務分析の事例を紹介します．具体的には，ひとつの事例として，企業の資本構成の分析事例を説明します．このパネルデータを用いた資本構成の決定要因の分析をマスターできれば，被説明変数に企業の資本時価簿価比率やその他の変数を用いることで，成長性，収益性や財務安全性の決定要因を統計的に分析することが可能となります．

　企業に負債と資本の最適な比率が存在するか否かを検証した研究の嚆矢が，「モディリアニ＝ミラーの定理」として知られる Modigliani and Miller（1958）の研究です．以降，Rajan and Zingales（1996）の先進主要7カ国企業を対象とする研究から，新興国を分析対象とする Booth *et. al*（2001）など，今日まで数々の研究が進められてきました．1990年代の先進国企業を標本とする研究では，負債比率の規模効果が注目され，総資産規模が大きい企業ほど，高い負債比率が資本市場から許容される状況が，報告されています（例えば太田，2000）．財閥グループの各産業における市場支配力が大きい新興国では，特にこの負債の規模効果は顕著であり，ハーバード大学タルン・カンナ教授らの一連の研究では，チリ，インドの財閥グループ企業が，なぜ高い負債比率が許されるのかが説明されています．

　本章の目的は，この60年間，議論され続けてきた企業の資本構成に関わる論争に一石投じることではありません．まず，資本構成の決定要因に関わる先行研究をもとに，これまで積み上げられた来た理論的枠組みを紹介します．その上で，これらの理論的枠組みがどの国・地域の企業分析を行う上で妥当か否かを検証するために，理論実装事例を紹介します．次節以降ではまず，企業の

資本構成の決定要因にかかる先行研究を紹介します．続いて，これらの企業金融分析を行うための，企業財務データを用いるパネルデータ分析の手法を説明します．最後に，マレーシア上場企業の過去5年間の財務データにより作成されたパネルデータを用い，理論的枠組みが実際の新興国企業のデータを用いて整合しているのか否か，理論実装事例を示します．

11.2　企業の資本構成に関する研究

11.2.1　調達序列理論

現代ファイナンス理論では，企業の資本構成を決定する要因として，次の3つの理論的枠組みが提唱されています．ひとつ目の考え方が，企業の情報非対称性が，資金調達手段の順序を規定すると説明する調達序列理論（ペッキング・オーダー理論）です．調達序列理論はもともと1961年のゴードン・ドナルドソン博士の著書 *Corporate Debt Capacity: A Study of Corporate Debt Policy and the Determinants of Corporate Debt Capacity* において示された理論がその起源です．ドナルドソン博士の著書では，内部資金と外部資金（銀行借入・証券発行）の2つの資金調達手段の選択において，前者が優先的に選ばれる理由が説明されています．具体的には，企業が設備投資等に資金を必要とする際，まず内部資金や預金の取り崩しにより賄い，次いで日頃から取引関係が深い銀行からの借入，そして社債発行，株式発行の順に調達手段を選択すると提唱しています．

この考え方は，その後，1984年のMITスローン校のスチュワート・マイヤー教授らの研究により，その資金調達手段の選択順序の原因が，企業の情報非対称性にあるとの見方が提示されています[40]．企業経営者は内部者なので，投資対象となる将来の事業の収益性の成否について，より確度が高い情報を有しています．月々の運転資金の融資，返済など，日頃から企業と取引関係を持つ主取引銀行は，企業経営者ほどではないですが，債務履行能力を常日頃から確認しています．それゆえ，主取引銀行は，ある程度，この企業の将来の事業の収益性の成否について情報を得ています．最も情報を有していないのは，そ

---

[40]：Myers, Stewart C., and Nicholas S. Majluf, (1984), "Corporate Financing and Investment Decisions When Firms Have Information that Investors Do Not Have". *Journal of Financial Economics*, Vol. 13, pp. 187-221.

の事業について，投資時に初めて知ることになる金融資本市場の投資家です．確定利付証券である社債発行の場合には，こうした情報の不確かさのリスクは，利払いと元本が保証されることで，幾分，緩和されます．しかし，株式発行の場合には，投資資金が元本割れする可能性も少なからずあります．このため，経営の透明性が高くない企業の場合は，資金調達時の社債発行と公募増資の二択では前者が優先されます．これがマイヤー教授らにより発展させられた調達序列理論の考え方です．

　これらの考え方をもとに，その後，様々な関連研究が進められ，肯定的な実証結果，否定的な実証結果が，それぞれ報告されています．まず近年の肯定的な実証研究結果には，ニューヨーク大学上海校のロドリゴ・ゼイダン教授らの2018年の研究があります[*41]．このブラジルの中小企業159社を標本とする実証研究では，調達序列理論が成立するとの結論が示されています．逆に，ユージン・ファーマ教授とケネス・フレンチ教授の2005年発表の研究では，1973年から2002年の米国上場企業の半数以上が，調達序列理論に反する企業金融行動を行っていると報告しています[*42]．またデューク大学のジョン・グラハム教授らの2001年の研究においても，392社の個票調査結果をもとに，調達序列理論に否定的な結論が示されています．

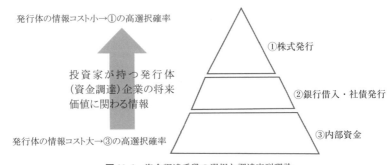

図 11.1　資金調達手段の選択と調達序列理論

＊41：Zaidan, Rodrigo, Koresh Gail, and Offer Mosheshap, (2018), "Do Ultimate Owners Follow the Pecking Order Theory?" *Quarterly Review of Economics and Finance*, Vol. 67, pp. 45-50.

＊42：Fama, Eugene F., and Kenneth R. French, (2005), "Financing Decisions: Who Issues Stock?" *Journal of Financial Economics*, Vol. 76, pp. 579-582.

11.2.2　トレードオフ理論

　企業の資本の規模に比べて，負債の規模が大きくなれば，企業価値は高まります．資本の大きさに比べて銀行借入や社債発行等の負債での資金調達を増やせば，設備投資や研究開発投資を増加させることが可能となるためです．このとき，銀行借入や社債発行により資金調達する場合には，返済・償還期間中の利払いは損金算入が可能であり，企業にとって費用節約的となります．ところが株式発行の場合には必ずしもこのような税制上の恩恵を受けることはありません．このため，最初は，企業は，より費用節約的な負債による資金調達を優先的に選択します．ところが，負債の資本に対する規模が大きくなることは，いずれ企業が債務超過に陥る可能性も高まることになります．このため，企業の資金調達手段の選択において，最初は負債選択が優先されるものの，いずれかの時点で負債の規模拡大に抑止力が働きます．この抑止力が作動した時点で，企業の負債と資本の比率が確定する，という考え方がトレードオフ理論です[43]．ミネソタ大学のジョン・マコーネル教授ら（当時）は1982年の論文において，この企業の倒産確率を高める負債のコストと資本構成の関係について考察しています．以降，企業の資本構成に関わる多くの研究において，この考え方が検証されてきました．

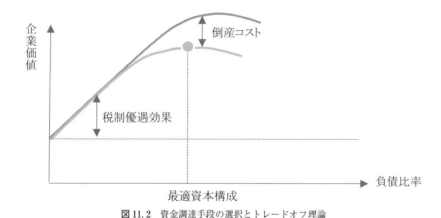

図11.2　資金調達手段の選択とトレードオフ理論

---

*43：Ang. James S., Jess H. Chua, and John J. McConnel, (1982), "The Administrative Costs of Corporate Bankruptcy: A Note," *Journal of Finance*, Vol. 37., pp. 219-226.

11.2.3 市場タイミング理論

市場タイミング理論では，企業の株価が高い場合には株式発行による資金調達手段が選択され，低い場合は自社株買いを行う確率が高まると考えられています．それゆえ，企業の負債比率は，株価が高いときには一時的に低下する，という点がこの理論的枠組みの主張です．ハーバード・ビジネス・スクールのマルコム・ベーカー教授らによる 2002 年の論文は，1968 年から 1999 年までの米国企業を標本とする実証研究を行い，企業の株価が株式発行を選択する確率に正の影響をもたらすとの実証的証拠を提示しています[*44]．その後，テキサス大学オースチン校のエイドガン・アルティ教授らの 2006 年の研究では，この市場タイミング効果は，短期的には存在するものの，長期的に持続せず，2 年程度で消失することも報告されています[*45]．

11.3 企業財務データのパネルデータ推計

パネルデータは，企業財務を用いた分析に頻繁に用いられます．その利点は，毎年，毎四半期ごとに発表される各時点での各企業（i）のクロスセクション・データを，時間（t）の経過とともに追加することで，財務パフォーマンスに関するより多くの定量情報を取得できるためです．標本（i）には企業のみならず，家計（個人）や国・地域が用いられることもあります．このクロスセクション・データと時系列データを合わせたデータの回帰分析は，次のように表すことができます．

$$y_{it} = a + \beta x_{it} + u_{it} \qquad (i = 1, \ldots, N, \quad t = 1, \ldots T) \qquad (11.1)$$

y_{it} は分析において，何がこの変数に影響を与えているのかを明らかにしたい被説明変数であり，x_{it} はこの被説明変数に影響をもたらす説明変数です．右辺が左辺にどの程度の影響を与えているかを示す係数値 β の推計には，複数の推計方法があります．本章ではこのうち，変量効果モデル，固定効果モデル，プーリング OLS，の 3 つについて説明します．

変量効果モデル，固定効果モデルは，ともに式（11.1）の誤差項 u_{it} が，次

＊44：Baker, Malcom P., and Jefferey Wurgler（2002），"Market Timing and Capital Structure," *Journal of Finance*, Vol. 57, pp. 1-32.

＊45：Alti, Aydogan,（2006），"How Persistent Is the Impact of Market Timing on Capital Structure?" *Journal of Finance*, Vol. 61. pp. 1681-1710.

の2つの異なる独立的な分布を持つ要素から構成されると考えます.

$$u_{it} = a_i + \mu_{it} \tag{11.2}$$

2つの構成要素は,企業や家計などの個々の標本が持つ特有の個別効果 a_i と,標本個々の効果,そして時間効果双方からもたらされる要素 μ_{it} から構成されます.そして,変量効果モデルでは,誤差項を構成する2つの要素は,$a_i \sim i.i.d.N(0, \sigma_a^2)$ ならびに $\mu_i \sim i.i.d.N(0, \sigma_\mu^2)$ と,誤差項の構成要素が互いに独立的な分布であることを前提とします.この前提の下で,次の(11.3)式を一般化最小二乗法により β を推計する手法が変量効果モデルです.

$$y_{it} = a + \beta x_{it} + a_i + \mu_{it} \qquad (i = 1, \ldots, N, \quad t = 1, \ldots T) \tag{11.3}$$

これに対し固定効果モデルでは,式(11.2)の a_i は,時間が経過しても変化しない固定効果であることを前提とします.変量効果モデルと固定効果モデルの違いは,説明変数 x_{it} と各標本固有の効果 a_i との関係にあります.x_{it} と a_i が相関する場合には,プーリング OLS や変量効果モデルにより推計される係数値 β は,標本規模が大きくなり,母集団に近づいたとき,係数値が一致しない(一致推定量にならない)可能性が指摘されています.他方,固定効果モデルでは,この2変数が相関する場合にも一致推定量となることが知られています.

上記の通り,パネルデータ分析における変量効果モデルか,固定効果モデルかの選択は,a_i の前提をどのように置くのかに依存します.具体的には,

$$E(a_i \mid x_{it}) = 0 \tag{11.4}$$

が成立すれば変量効果モデルまたはプーリング OLS で推計することが可能となります.ところが,$E(a_i \mid x_{it}) \neq 0$ の場合には,個別効果が x_{it} と相関する可能性が高まるため,固定効果モデルの選択可能性が高まることになります.

プーリング OLS は,標本数を $i \times t$ のデータと見なし,このデータに最小二乗法を当てはめます.ここでは,u_{it} が平均 0,分散 σ^2 の分布に従うとして,線形の最小二乗法を採用します.

11.4 企業金融理論の実装

本節で紹介するソースコードは GitHub リポジトリの以下のファイルにて閲覧可能です.

```
11_panel_data_analysis.ipynb
```

本節では，2010年から2017年のクアラルンプール（マレーシア）上場企業の財務データを用い，企業の資本構成の決定理論が整合するかについての分析例を示します．パネルデータを分析するパッケージとして，linearmodels 4.27を用います．まずGoogle Colaboratory のひとつのセルを用いてこのパッケージをインストールします．

　パッケージのインストールに続いて，ライブラリのインポートを行います．パネルデータ分析用のライブラリは変量効果モデル，固定効果モデル，プーリングOLS，それぞれのライブラリをインポートします．3つの推計結果の一覧表を作成するためのライブラリも併せて読み込みます．

#[1]ライブラリの読み込み

```
import pandas as pd
from linearmodels import RandomEffects #変量効果モデルのライブラリ
from linearmodels import PanelOLS #固定効果モデルのライブラリ
from linearmodels import PooledOLS
#プーリングOLS モデルのライブラリ
from linearmodels.panel import compare #一覧表作成のライブラリ
import statsmodels.api as sm
```

　本例では，クアラルンプール上場企業の財務データをGitHubから取得します．取得したデータはdfというデータフレーム名で，pandasデータフレームに保存します．ちなみに読み込んだ変数名の定義は次の通りです．

　　year：決算年

　　firm: 企業番号

　　DER：負債・資本（時価）比率　　　各企業の各年度の負債／時価資本

ROA：総資産利益率	各企業の各年度の純利益／総資産
Ebit_Asset：EBIT 対総資産比率	各企業の各年度の利払・税引前利益／総資産
Asset：総資産残高規模	各企業の各年度の総資産残高（百万USD）の自然対数値
Tangible_sales：固定資産対売上高比	各企業の各年度の固定資産の売上高比
ICR：金利負担余力	各企業の各年度のキャッシュフロー対支払金利比

[2] 標本データの取得

```
url = "https://github.com/nagamamo/data/blob/main/
malaysia_firms.csv?raw=true"#Git-hub から CSV データの入手
df = pd.read_csv(url)#データフレームの作成
```

[3]では pandas データフレームのデータをパネルデータとして用いるための前処理を行います．時系列データやクロスセクションデータの場合は，インデックスは時間（year）か企業（firm）のいずれかひとつのみです．パネルデータの場合には，時間（year）と企業（firm）の 2 つのデータをインデックス化することで，データがパネルデータセットであることをデータフレームに認識させます．本例では，year は，時間ダミー変数としても利用できる余地を残すため，インデックス化に加え，3 行目で，説明変数としても定義します．時間ダミー変数として使用しなければ，この行は不要です．

[3] データ前処理

```
year=pd.Categorical(df.year)  #時間カテゴリー変数の作成と定義
df=df.set_index(['year','firm'])  #パネルデータ定義
df['year']=year
```

まず，変量効果モデルの推計を行います．説明変数には ROA，ASSET，Tangible_sales を選択し，被説明変数には DER を選択します．mod=Random Effects() の () 内に被説明変数と，一行目で選択した説明変数のグループ名を記述します．

[4] 変量効果モデルの推計

```
exog_vars=['ROA','ASSET','Tangible_sales'] #説明変数の選択
exog=sm.add_constant(df[exog_vars]) #定数項の有無の指示
mod=RandomEffects(df.DER,exog) #実証モデルの指示
re_res=mod.fit()
re_res #実証結果の表示
```

同様の手順で，固定効果モデル，プーリング OLS モデルを推計します．なお，本例では，3 つの推計のうち，固定効果モデルのみ，time_effects=True と記述することで，時間効果を推計モデルに加えています．変量効果モデル，プーリング OLS モデルには，この時間効果を加えていないため，推計結果が異なります．また，#[5] 固定効果モデルの推計 3 行目の mod=PanelOLS() では，() 内に entity_effects=True と定義することで，式（11.4）に a_i の固定効果が存在することを指示しています．

[5] 固定効果モデルの推計

```
exog_vars=['ROA','ASSET','Tangible_sales']
exog=sm.add_constant(df[exog_vars])
mod=PanelOLS(df.DER,exog,entity_effects=True,
time_effects=True) #固定効果と時間効果を指示
fe_res=mod.fit()
fe_res
```

[6] プーリング OLS モデル

```
exog_vars=['ROA','ASSET','Tangible_sales']
exog=sm.add_constant(df[exog_vars])
mod=PooledOLS(df.DER,exog)
pooled_res=mod.fit()
pooled_res
```

最後に 3 つの実証モデル推計の結果一覧表を表示します．

```
compare({"RE":re_res,"FE":fe_res,"Pooled":pooled_res})
```

　図11.3は，変量効果モデル，固定効果モデル，プーリングOLSモデルの，3つの手法により推計された実証結果を示しています．3つの実証結果のうち，まず固定効果モデルの推計結果が，他の2つに比べて，異なります．この理由は，セル[5]の3行目で指示した固定効果（Entity）と時間効果（Time）の2つの効果が推計に反映されているためです．

Model Comparison			
	RE	FE	Pooled
Dep. Variable	DER	DER	DER
Estimator	RandomEffects	PanelOLS	PooledOLS
No. Observations	6591	6591	6591
Cov. Est.	Unadjusted	Unadjusted	Unadjusted
R-squared	0.0218	0.0054	0.0217
R-Squared (Within)	0.0219	0.0209	0.0219
R-Squared (Between)	-0.0606	-0.0405	-0.0604
R-Squared (Overall)	0.0217	0.0208	0.0217
F-statistic	48.846	10.312	48.786
P-value (F-stat)	0.0000	0.0000	0.0000
====================	==============	==========	==========
const	-0.2055	0.1276	-0.2046
	(-1.3725)	(0.5192)	(-1.3878)
ROA	-0.0729	-0.0422	-0.0729
	(-1.8755)	(-1.3356)	(-1.8763)
ASSET	0.3531	0.2818	0.3528
	(12.063)	(5.4911)	(12.055)
Tangible_sales	-0.0041	-0.0010	-0.0040
	(-0.5143)	(-0.1407)	(-0.5009)
====================	==============	==========	==========
Effects		Entity	
		Time	

図11.3　マレーシア企業の資本構成の決定要因（実証結果）

　企業金融理論と実証結果の整合性に関わる解釈については，次の通りです．まず企業の総資産利益率（ROA）が，負債・資本比率（DER）に対して負の係数値を示しています．これは，総資産利益率が高い≒内部資金力が大きい場合は，企業は銀行借入や社債発行による資金調達を控えることを示唆しています．すなわち調達序列理論が提唱する資金調達手段の選択順序と整合します．ただし，変量効果モデルとプーリングOLSモデルの場合は，この負の係数値は10％の有意水準で有意ですが，固定効果モデルの場合は非有意です．つまり，固定効果の有無，そして時間効果の存在次第で，この理論の整合性についての

結論が異なることになります．ちなみに，1995年に発表されたシカゴ大学ラグラム・ラジャン教授らの研究では，企業の負債・資本比率と総資産利益率の関係は，主要先進7カ国すべてで有意な負の関係が存在することが報告されています[46]．

　総資産規模（ASSET）が企業の高い負債比率（もしくは負債・資本比率）を許容する状況は，世界各国の国々で見られます．マレーシア産業界においても，この「負債比率の規模効果」の存在は，変量効果モデル，固定効果モデル，プーリングOLSモデル，3つ全ての推計結果において，統計的に有意な結果を示しています．これは，ハーバード・ビジネス・スクールのタルン・カンナ教授の一連の研究[47]においても明らかにされた実証的証拠と整合します．カンナ教授の研究では，先進国や新興国で企業は，国の市場経済化の進行過程で企業がビジネス・グループを形成するため，これが追加的な企業価値を生み出しているとの結論を報告しています．そして，こうした複合企業グループは，多数の事業ポートフォリオを保有するため，グループ全体の事業リスクが最小化され，高い負債比率（負債・資本比率）が許容されるとも報告しています．本例のマレーシアに関する実証結果は，この理論的枠組みがマレーシア企業にも当てはまることを示しています．

＊46：Rajan, Raghuram G. and Luigi Zingales, (1995), "What Do We Know About Capital Structure: Some Evidence from International Data," *Journal of Finance*, Vol. 50, pp. 1421-1460.
＊47：例えば Khanna, Tarun and Yishay Yafeh, (2007), "Business Groups in Emerging Markets: Paragons or Parasites?" *Journal of Economic Literature*, Vol. 45, pp. 331-372. に複数の研究成果が集約されている．

参 考 文 献

1) Alti, Aydogan, (2006), "How Persistent Is the Impact of Market Timing on Capital Structure?" *Journal of Finance*, Vol. 61. pp. 1681-1710.

2) Ang, James S., Jess H. Chua, and John J. McConnel, (1982), "The Administrative Costs of Corporate Bankruptcy: A Note," *Journal of Finance*, Vol. 37., pp. 219-226.

3) Bailey, David H. and López de Prado, Marcos and López de Prado, Marcos (2012), "The Sharpe Ratio Efficient Frontier," *Journal of Risk*, Vol. 15, No. 2, pp. 3-44.

4) Baker, Malcom P., and Jefferey Wurgler (2002), "Market Timing and Capital Structure," *Journal of Finance*, Vol. 57, pp. 1-32.

5) Banz, Rolf W. (1981), "The Relationship between Return and Market Value of Common Stocks," *Journal of Financial Economics*, Vol. 9, pp. 3-18.

6) Black, Fischer, and Myron Scholes (1972), "The Pricing of Options and Corporate Liabilities," *Journal of Political Economy*, Vol. 81, pp. 637-654.

7) Booth, Laurence, Varouj Aivazian, Asli Demirguc-kunt, and Vojislav Mksimovic, (2001), "Capital Structures in Developing Countries," *Journal of Finance*, Vol. LVI, pp. 87-130.

8) Bradley, Michael, Anand Desai, and E. Han Kim (1988), "Synergistic Gain from Corporate Acquisitions and their Division between the Stockholders of Target and Acquiring Firms," *Journal of Financial Economics*, Vol. 21, pp. 61-98.

9) Brigo, Damiano, and Fabio Mercurio (2006), *Interest Rate Models - Theory and Practice: With Smile, Inflation, and Credit*, 2006, Springer Finance.

10) Carhart, Mark M. (1997), "On Persistence in Mutual Fund Performance", *The Journal of Finance*, Vol. 52, pp. 57-82.

11) Cushman, David, Sang Sub Lee, and Thorsteinn Thorgeirsson (1996), "Maximum Likelihood Estimation of Cointegration in Exchange Rate Models for Seven Inflationary OECD countries," *Journal of International Money and Finance*, Vol. 15(3), pp. 337-368.

12) Donaldson, Gordon, (1961), *Corporate Debt Capacity : A Study of Corporate Debt Policy and the Determination of Corporate Debt Capacity*, Beard Books, Washington D. C., 1961.

13) Fama, Eugene F. and Kenneth R. French, (1992), "The Cross-Section of Expected Stock Returns," *The Journal of Finance*, Vol. 47, pp. 427-465.

14) Fama, Eugene F. and Kenneth R. French, (1993), "Common Risk Factors in the Returns on Stocks and Bonds", *Journal of Financial Economics*, Vol. 33, pp. 3-56.

15) Fama, Eugene F. and Kenneth R. French, (1995), "Size and Book-to-Market Factors in Earnings and Returns," *The Journal of Finance*, Vol. 50, pp. 131-155.

16) Fama, Eugene F. and Kenneth R. French, (1996), "Multifactor Explanations of Asset Pricing Anomalies," *The Journal of Finance*, Vol. 51, pp. 55–84.

17) Fama, Eugene F. and Kenneth R. French, (2015), "A Five-Factor Asset Pricing Model," *Journal of Financial Economics*, Vol. 116, pp. 1–22.

18) Fama, Eugene F., and Kenneth R. French, (2005), "Financing Decisions: Who Issues Stock?" *Journal of Financial Economics*, Vol. 76, pp. 579–582.

19) Gomes, Armando, and Gordon Phillips (2012), "Why Do Public Firms Issue Private and Public Securities?" *Journal of Financial Intermediation*, Vol. 21, pp. 549–722.

20) Graham, John R., and Campbell R. Harvey (2001), "The theory and Practice of Corporate Finance : Evidence from the Field," *Journal of Financial Economics*, Vol. 60, pp. 187–243.

21) Hasbrouch, Joel (1985), "The Characteristics of Takeover Targets : Q and Other Measures," *Journal of Banking and Finance*, Vol. 9, pp. 351–362.

22) Heath, David, Robert Jarrow, and Andrew Morton, (1992), "Bond Pricing and the Term Structure of Interest Rates: A New Methodology for Contingent Claims Valuation," *Econometrica*, Vol. 60, pp. 77–105.

23) Hochreiter, Sepp and Jurgen Schmidhube, (1997), "Long Short-Term Memory," *Neural Computation*, Vol. 9, pp. 1735–1780.

24) Hull, John, C., and Alan White, (1990), "Pricing Interest-Rate Derivative Securities," *The Review of Financial Studies*, Vol 3, pp. 573–592.

25) Hull, John, C., and Alan White, (1990), "Valuing Derivative Securities Using the Explicit Finite Difference Method," *Journal of Financial and Quantitative Analysis*, Vol. 25, pp. 87–99.

26) Jegadeesh, Narasimhan and Sheridan Titman (1993), "Returns to Buying Winners and Selling Losers : Implications for Stock Market Efficiency," *The Journal of Finance*, Vol. 48, pp. 65–91.

27) Khanna, Tarun and Yishay Yafeh, (2007), "Business Groups in Emerging Markets : Paragons or Parasites?" *Journal of Economic Literature*, Vol. 45, pp. 331–372.

28) Khanna, Tarun, and Krishna Palepu, (2000), "Is Group Affiliation Profitable in Emerging Markets? An Analysis of Diversified Indian Business Groups," *Journal of Finance*, Vol. LV, pp. 867–891.

29) Lang, Larry H. P., Ralph A. Walkling, and Rene M. Stulz, (1989), "Managerial Performance, Tobin's Q and the Gains from Successful Tender Offers," *Journal of Financial Economics*, Vol. 24, pp.137–154.

30) Markowitz, Harry M. (1952), "Portfolio Selection", *The Journal of Finance*, Vol. 7, Issue 1, pp. 77–91.

31) Modigliani, Franco, and Merton Miller, (1958), "The Cost of Capital, Corporation Finance, and the Theory of Investment," *American Economic Review*, Vol. 48, pp. 261–

297.

32) Morck, Randall, Andrei Shleifer, and Robert W. VIshny (1990), "Do Managerial Motives Drive Bad Acquisitions?" *Journal of Finance*, Vo. 45, pp. 31-48.

33) Myers, Stewart C. (1984), "The Capital Structure Puzzle," *Journal of Finance*, Vol. 39, pp. 575-592.

34) Myers, Stewart C., and Nicholas S. Majluf, (1984), "Corporate Financing and Investment Decisions When Firms Have Information that Investors Do Not Have". *Journal of Financial Economics*, Vol. 13, pp. 187-221.

35) Nelson, Charles. R., & Andrew F. Siegel, (1987), "Parsimonious Modeling of Yield Curves," *Journal of Business*, Vol. 60, pp. 473-489.

36) Pippenger, Michael and John M. Geppert, (1997), "Testing Purchasing Power Parity in the Presence of Transaction Costs," *Applied Economics Letters*, Vol. 10, pp. 611-614.

37) Rajan, Raghuram G, and Luigi Zingales, (1995), "What Do We Know About Capital Structure: Some Evidence from International Data," *Journal of Finance*, Vol. 50, pp. 1421-1460.

38) Ross, Stephen A. (1976), "The Arbitrage Theory of Capital Asset Pricing", *Journal of Economic Theory*, Vol. 13, pp. 341-360.

39) Rumelhart, David E., Geoffrey E. Hinton, and Ronald J. Williams, (1986). "Learning Representations by Back-propagating Errors," *Nature*, Vol. 323, pp. 533-536.

40) Sharpe, William F. (1966), "Mutual Fund Performance," *The Journal of Business*, Vol. 39, Issue 1 : pp. 119-138.

41) Taylor, Sean J., and Benjamin Letham, (2017), "Forecasting at Scale," https://doi.org/10.7287/peerj.preprints.3190v2|CC BY 4.0 Open Access| rec: 27 Sep 2017.

42) Vašíček, Oldřich, (1977), "An Equilibrium Characterization of the Term Structure," *Journal of Financial Economics*, Vol. 5, pp. 177-188.

43) Zaidan, Rodrigo, Koresh Gail, and Offer Mosheshap, (2018), "Do Ultimate Owners Follow the Pecking Order Theory?" *Quarterly Review of Economics and Finance*, Vol. 67, pp. 45-50.

44) 伊藤公一朗 (2017)『データ分析の力 因果関係に迫る思考法』光文社新書，2017年.

45) 沖本竜義 (2010)『経済・ファイナンスデータの計量時系列分析』朝倉書店，2010年.

46) 永野 護 (1997)「為替レート変動の非定常性の分析」『日本経済研究』35号，1997年12月，2-25頁.

47) 山藤昌志 (1996)「為替レートに長期均衡は存在するか?-- 購買力平価の共和分検定」『三菱総合研究所所報』1996年11月号，pp. 4-23.

48) 太田 亘 (2000)「負債比率における規模効果について」『現代ファイナンス』Vol. 8(0)，pp. 39-54.

49) 服部孝洋 (2020)「コンベクシティ入門—日本国債における価格と金利の非線形—」『ファ

イナンス』2020 年 12 月号，財務総合研究所，pp. 66-75.

50）藪友　良（2007）「購買力平価（PPP）パズルの解明：時系列的アプローチの視点から」『金融研究』2007 年 12 月号，日本銀行金融研究所，pp. 75-106.

索　引

究科博士課程修了（博士，国際公共政策）
現　在　成蹊大学経済学部教授
　　　　同アジア太平洋研究センター所長
　　　　株式会社せいごやシニア財務アドバイザー

Pythonで学ぶファイナンス論×データサイエンス

定価はカバーに表示

2023 年 11 月 1 日　初版第 1 刷

著　者　永　野　　　護
発行者　朝　倉　誠　造
発行所　株式会社　朝　倉　書　店
　　　　東京都新宿区新小川町 6-29
　　　　郵便番号　162-8707
　　　　電　話　03（3260）0141
　　　　FAX　03（3260）0180
　　　　https://www.asakura.co.jp

〈検印省略〉

© 2023 〈無断複写・転載を禁ず〉　　　　　　　新日本印刷・渡辺製本

ISBN 978-4-254-12293-0　C 3004　　　Printed in Japan

JCOPY ＜出版者著作権管理機構 委託出版物＞

本書の無断複写は著作権法上での例外を除き禁じられています．複写される場合は，そのつど事前に，出版者著作権管理機構（電話 03-5244-5088，FAX 03-5244-5089，e-mail: info@jcopy.or.jp）の許諾を得てください．

兵庫県大 笹嶋宗彦 編	データの見方の基礎を身につける。サポートサイトにサンプルコードあり。〔内容〕データを見る／関係性を調べる／高度な分析（日本人の米離れ，気温からの売上予測，他）／企業の応用ケース／付録：Anacondaによる環境構築／他
Pythonによるビジネスデータサイエンス　1	
データサイエンス入門	
12911-3　C3341　　　　　A 5 判 136頁 本体2500円	

関学大 羽室行信 編	データ分析のための前処理の基礎とビジネス応用の実例を学ぶ。サポートサイトにサンプルコードあり。〔内容〕前処理の意義／データの収集／実践（公的統計，マーケティング，ファイナンス，自然言語処理）／付録：Pythonの基礎／他
Pythonによるビジネスデータサイエンス　2	
データの前処理	
12912-0　C3341　　　　　A 5 判 192頁 本体2900円	

専修大学 中原孝信 編	実際のデータを用いつつマーケティングデータ分析の基礎を学ぶ。データとサンプルコードはダウンロード可能〔内容〕マーケティングにおけるデータ分析／マーケティング分析のためのデータ集計と可視化からのデータ理解／他
Pythonによるビジネスデータサイエンス 3	
マーケティングデータ分析	
12913-7　C3341　　　　　A 5 判 168頁 本体2600円	

関西学院大 岡田克彦 編	ファイナンス理論の基礎を押さえながら金融データ解析を学ぶ。〔内容〕株式市場と対峙するにあたって／チュートリアル：株価を分析してみよう／ファイナンスのパラダイム／ファンダメンタル分析／ポートフォリオの評価／他
Pythonによるビジネスデータサイエンス　4	
ファイナンスデータ分析	
12914-4　C3341　　　　　A 5 判 196頁 本体3000円	

兵庫県大 笹嶋宗彦 編	Web 上で公開されているデータを分析し，有益な知見を得るための基本技術を解説する。〔内容〕はじめに／サンプルコードの実行環境／テキストのベクトル化／ベクトルを用いた分析／ネットワーク分析／評価データ分析／他
Pythonによるビジネスデータサイエンス　5	
Web データ分析	
12915-1　C3341　　　　　A 5 判 136頁 本体2600円	

久保幹雄 著	実際に使えるPythonプログラミングをJupyter上で練習問題をときながら身に着ける。〔内容〕NumPy／Pandas／matplotlib／plotly／Plotly Express／simpy／様々な技巧／他
Pythonによる実務で役立つ データサイエンス練習問題200＋ (1)	
—アナリティクスの基礎・可視化と実践的テクニック—	
12281-7　C3004　　　　　A 5 判 192頁 本体2700円	

久保幹雄 著	実践的なPythonプログラミングをJupyter上でさらに練習。[内容]科学技術計算モジュールSciPy／PyMCによるベイズ推論とProphetによる時系列データの予測／ネットワークモジュールNetworkX／他
Pythonによる実務で役立つ データサイエンス練習問題200＋ (2)	
—科学計算の基礎と予測・最適化—	
12282-4　C3004　　　　　A 5 判 256頁 本体3300円	

久保幹雄 著	機械学習の定番モジュールを理解・活用するための基本から，実務家が実際に使いやすい実践的な手法まで，練習問題をときながら身に着ける。[内容]scikit-learnを用いた機械学習／fastaiによる深層学習
Pythonによる実務で役立つ データサイエンス練習問題200＋ (3)	
—機械学習・深層学習—	
12283-1　C3004　　　　　A 5 判 192頁 本体2700円	

G.W.インベンス・D.B.ルービン 著　星野崇宏・繁桝算男 監訳	ノーベル経済学賞受賞のインベンスと第一人者ルービンによる統計的因果推論の基本書。重要な概念を定義しながら体系的に解説。〔部構成〕基礎／古典的な無作為化実験／正則な割り当てメカニズム：デザイン／解析／追加的な解析／非順守
インベンス・ルービン 統計的因果推論 (上)	
12291-6　C3041　　　　　A 5 判 320頁 本体5400円	

G.W.インベンス・D.B.ルービン 著　星野崇宏・繁桝算男 監訳	近年の統計的因果推論の理論的礎を築いたインベンスとルービンによる基本書。正則な割り当てメカニズムの仮定について議論を深め，具体的な事例の分析から様々なモデルや分析を掘り下げ。割り当て非順守が含まれる実験についても考察。
インベンス・ルービン 統計的因果推論 (下)	
12292-3　C3041　　　　　A 5 判 416頁 本体6300円	

上記価格（税別）は 2023 年 9 月現在